A la petite Marie

© ÉDITIONS ÉQUINOXE - 2003
Domaine de Fontgisclar, Draille de Magne
13570 Barbentane

ISBN 2 84135 328 1

Thierry & Dominique MAUGENEST

La Provence
du Ventoux à la Camargue

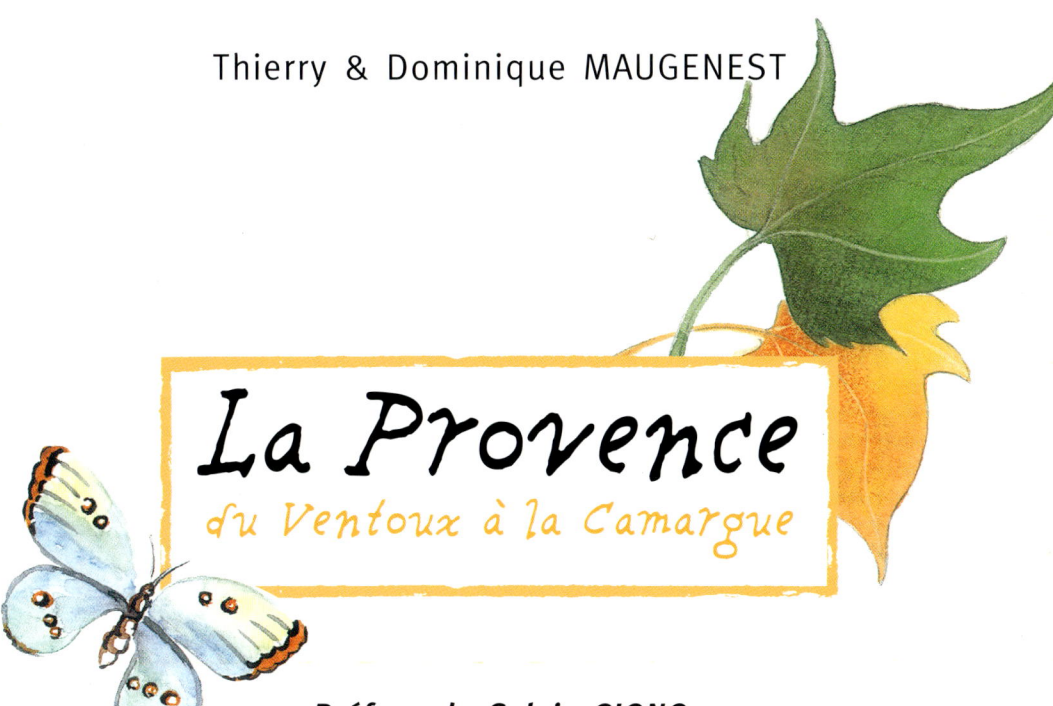

Préface de Sylvie GIONO

Illustrations de
Claire LHERMEY & Jean-Baptiste BERTOLANI

ÉQUIN•XE

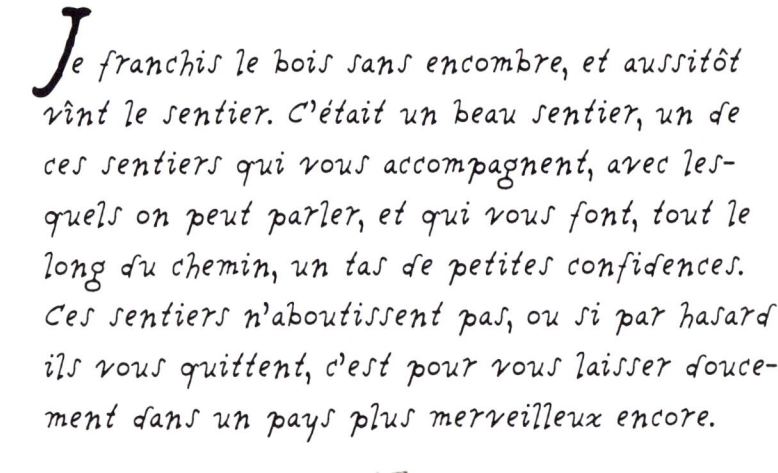

Je franchis le bois sans encombre, et aussitôt vint le sentier. C'était un beau sentier, un de ces sentiers qui vous accompagnent, avec lesquels on peut parler, et qui vous font, tout le long du chemin, un tas de petites confidences. Ces sentiers n'aboutissent pas, ou si par hasard ils vous quittent, c'est pour vous laisser doucement dans un pays plus merveilleux encore.

Henri Bosco
L'enfant et la rivière

Préface

Il y a de cela quelques années, apparut à travers le monde un jouet qui passionna petits et grands. Il s'agissait d'un animal virtuel. Il fallait s'en occuper comme d'un vrai bébé, le faire manger à heures fixes trois fois par jour, le promener, le laver, le coucher...
Tout cela virtuellement bien sûr, sous peine de le voir pleurer, dépérir et mourir.
Je trouvais cela particulièrement stupide. Je pensais : "Et si l'on intéressait les enfants à la création ? Pour quel motif utiliser le virtuel ? Puisqu'il n'est pas question de laisser un enfant s'occuper d'un vrai bébé, ce qui est le rôle des adultes, pourquoi ne pas leur donner graines et noyaux et leur apprendre à donner la vie aux arbres, leur permettre de s'occuper de cette lente préparation : l'attente, les soins, l'arrosage en cas de sécheresse, aérer la terre pour la rendre légère, la désherber pour qu'elle ne s'appauvrisse pas, la protéger par un petit grillage quand, enfin la pousse tendre sort de sa gangue terrestre ? Et si par malheur, un jour, on s'apercevait que cet arbre en miniature avait été rongé par un animal on pouvait toujours imaginer toute une histoire sur un petit lapin qui, ayant désobéi à sa maman, avait quitté l'abri de son terrier pour s'aventurer dans la colline et s'était régalé, par une belle nuit, de ces feuilles vertes et savoureuses". Tout cela fait partie de la vie, l'enfant participe ainsi à la création du monde. En donnant la vie aux arbres, on donne la vie aux hommes puisqu'en respirant le gaz carbonique qui est pour nous un poison, ils rejettent l'oxygène qui est notre respiration.
La Nature est bonne, il faut savoir apprendre à la protéger et, comme le dit Jean Giono, faire *"une œuvre digne de Dieu"*.

Sylvie Durbet-Giono

Sommaire

Préface 5
La carte 8
Avant-propos 10

LE VENTOUX DE JEAN HENRI FABRE 15

LE LUBERON D'HENRI BOSCO 23

LES SENTIERS DE GORDES :
Château, Bories et Abbaye 33

LA FÉERIE DES OCRES 43

AU MILIEU DES GRANDS CÈDRES...... 51

LA COUR DE RÉCRÉATION
DE FRÉDÉRIC MISTRAL 59

LES MEUNIERS, DES ROMAINS
À ALPHONSE DAUDET 69

LES ARBRES DE VAN GOGH 79

HISTOIRE ET LÉGENDES
DES BAUX-DE-PROVENCE 91

LA CAMARGUE
DES FLAMANTS ROSES 101

Vaucluse

Rhône

1 ▲ mont Ventoux

Orange

Carpentras

Avignon

3 4 Lube
        5

6 St Rémy-de
7 Les Alpilles 2
   Arles 8 Provence
              9

Aigues Mortes

Aix en P

10

Bouches-du-Rhône

mo St
Marseille

1. LE VENTOUX DE JEAN HENRI FABRE
2. LE LUBERON D'HENRI BOSCO
3. LES SENTIERS DE GORDES : Château, Bories et Abbaye
4. LA FÉERIE DES OCRES
5. AU MILIEU DES GRANDS CÈDRES
6. LA COUR DE RÉCRÉATION DE FRÉDÉRIC MISTRAL
7. LES MEUNIERS, DES ROMAINS À ALPHONSE DAUDET
8. LES ARBRES DE VAN GOGH
9. HISTOIRE ET LÉGENDES DES BAUX-DE-PROVENCE
10. LA CAMARGUE DES FLAMANTS ROSES

Avant-propos

Tous les sentiers de Provence

Tu vas découvrir dans ce livre des parcours de randonnées qui vont te conduire sur les pas des premiers habitants de la Provence, mais aussi de ses écrivains et de ses peintres. Aux détours des chemins tu auras aussi l'occasion de mieux connaître la végétation et d'observer les plus beaux animaux de la région. Plus tard, tu auras sûrement envie de découvrir tes propres circuits sur tes lieux préférés. Mais, avant de partir pour ta première randonnée, tu dois savoir reconnaître les différents types de sentiers que tu vas emprunter. Certains d'entre eux ont un nom, une histoire, et parfois quelques signes particuliers.

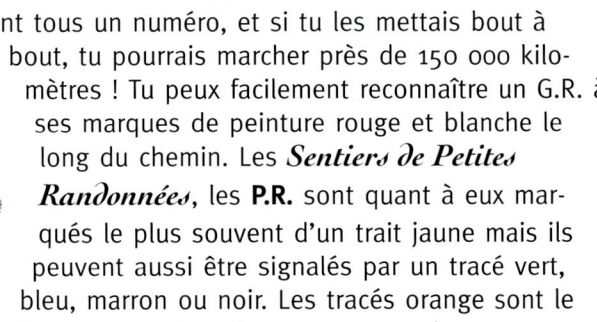

Les plus célèbres des chemins sont les *Sentiers de Grandes Randonnées*, on les appelle le plus souvent les **G.R.** Ils ont tous un numéro, et si tu les mettais bout à bout, tu pourrais marcher près de 150 000 kilomètres ! Tu peux facilement reconnaître un G.R. à ses marques de peinture rouge et blanche le long du chemin. Les *Sentiers de Petites Randonnées*, les **P.R.** sont quant à eux marqués le plus souvent d'un trait jaune mais ils peuvent aussi être signalés par un tracé vert, bleu, marron ou noir. Les tracés orange sont le plus souvent réservés aux parcours équestres.

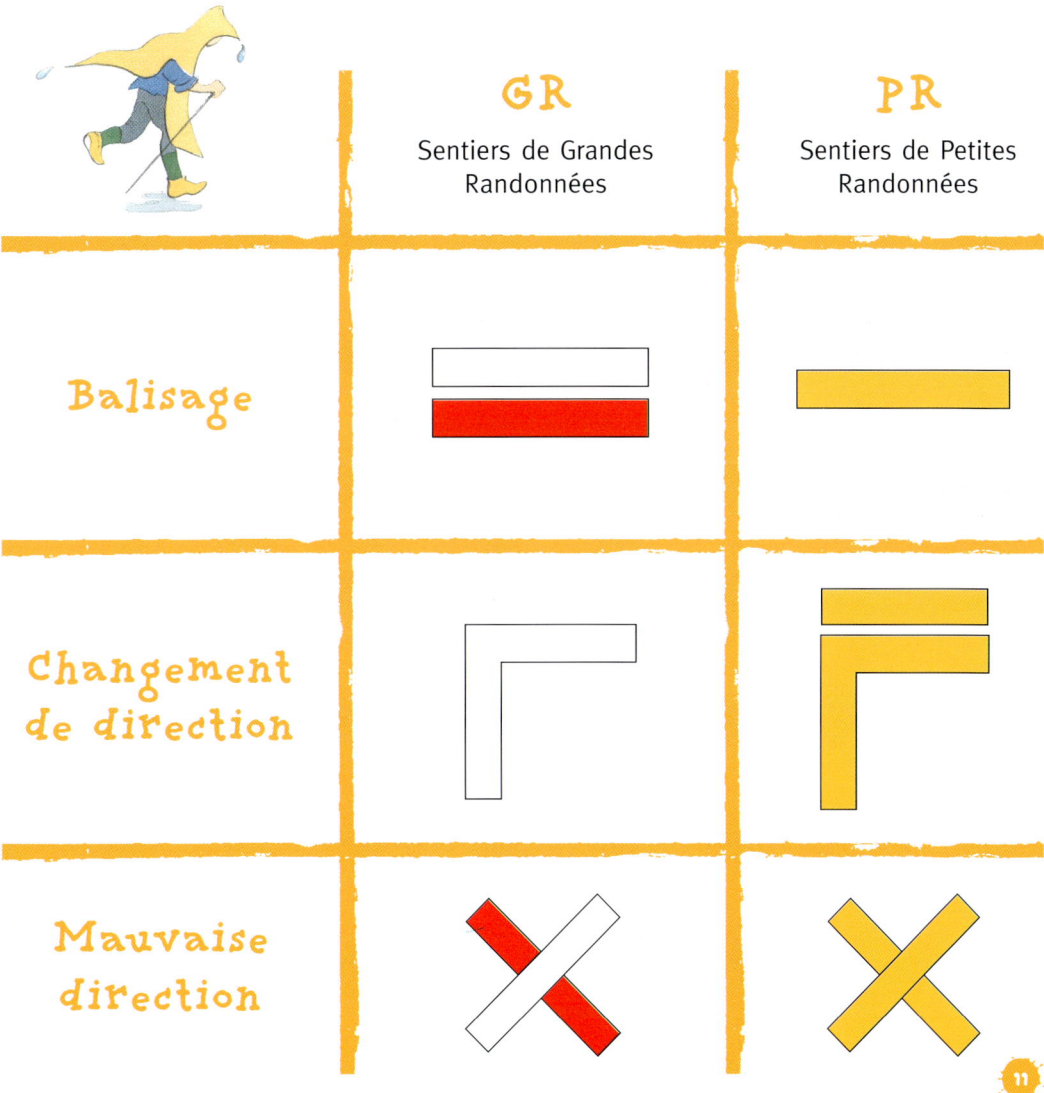

Si tu marches le long du bord de mer, tu emprunteras cette fois un Chemin de Douaniers. Ces sentiers longent le littoral et permettent aux randonneurs de circuler librement sans que leur chemin ne soit coupé par un mur ou une maison. Ils existent depuis très longtemps puisque c'est Colbert, durant le règne de Louis XIV, qui le premier en a eu l'idée.

Il existe aussi en Provence de très nombreuses routes pare-feu. Ce sont des pistes tracées par les pompiers dans les massifs forestiers pour lutter contre les incendies. Elles sont interdites à la circulation motorisée mais sont généralement ouvertes aux promeneurs, sauf bien sûr les jours de grand vent. Elles sont le plus souvent signalées par des panneaux sur lesquels est inscrit : DFCI, ce qui signifie Défense de la Forêt Contre les Incendies.

Mais il existe des voies beaucoup plus anciennes. Tu connais sûrement le proverbe qui dit que tous les chemins mènent à Rome ? Eh bien il y a deux mille ans, de grandes routes traversaient notre région et conduisaient bien à Rome. La plus ancienne, la voie Domitia, passait par Arles, longeait les Alpilles pour rejoindre Cavaillon puis Apt avant d'aller traverser les Alpes. De nos jours les tracés de ces anciennes routes sont parfois très bien conservés

sous l'aspect de bons sentiers de promenade. Beaucoup de randonneurs les empruntent encore, sans même savoir que ces chemins sont vieux de plus de deux mille ans.

Certains bergers, qui ont conservé les traditions, empruntent encore aujourd'hui ces voies romaines, mais ils les appellent des drailles.

Au début de chaque été, c'est en suivant ces drailles que les moutons effectuent leur transhumance, c'est-à-dire le long voyage qui les conduit dans les Alpes, où ils trouveront de meilleurs pâturages.

Maintenant que tu connais un peu mieux les sentiers que tu vas bientôt emprunter, rappelle-toi que si un jour tu t'égares, ils sont tes meilleurs amis. Il est en effet toujours beaucoup plus facile de retrouver le randonneur qui est resté sur un bon chemin que celui qui a coupé à travers bois.

Voilà, il ne te reste plus maintenant qu'à t'informer de la météo, bien lacer tes chaussures de marche, vérifier le contenu de ton sac à dos : vêtement chaud, bouteille d'eau, carte et boussole, trousse à pharmacie et...

Bonne route !

Le Ventoux de Jean Henri Fabre

Il y a de nombreuses bonnes raisons de se rendre sur le mont Ventoux. Certains y vont très tôt le matin pour voir, du sommet, le soleil se lever sur la Provence ; d'autres, plus courageux, tentent de gravir ses pentes à vélo, et d'autres encore attendent les premières neiges pour venir y faire du ski ou des promenades en raquettes. Mais certaines personnes viennent aussi ici pour étudier la flore et la faune particulièrement riches de cette biosphère. C'était précisément l'activité favorite de Jean Henri Fabre, un célèbre entomologiste et naturaliste du XIXème siècle qui était aussi poète et philosophe. Son terrain d'observation préféré se trouvait justement sur les versants du Ventoux, dans la forêt du Mont Serein.

Aujourd'hui, pour faire connaissance avec ce personnage, tu peux suivre le très beau sentier d'interprétation botanique qui lui est dédié.

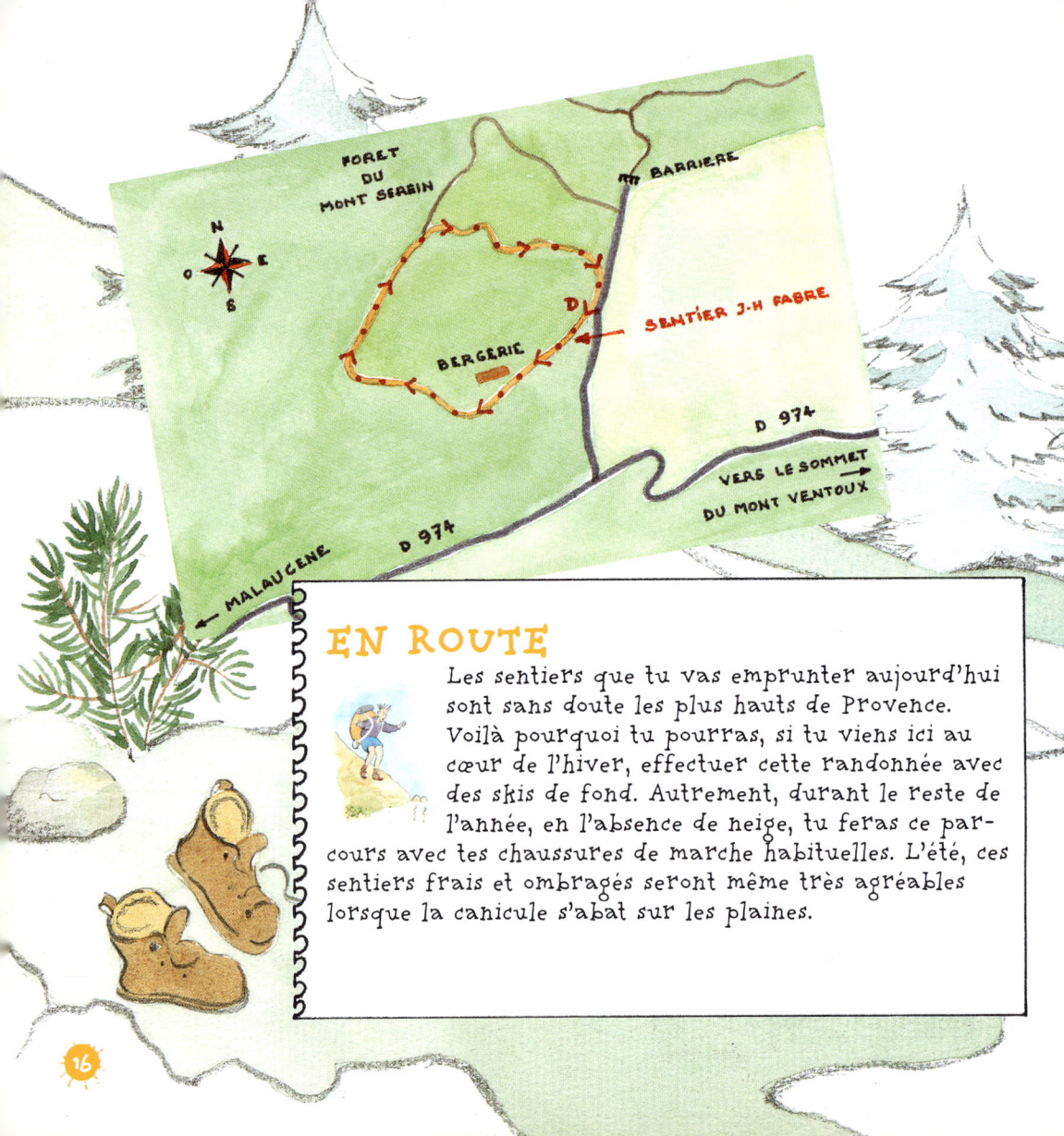

EN ROUTE

Les sentiers que tu vas emprunter aujourd'hui sont sans doute les plus hauts de Provence. Voilà pourquoi tu pourras, si tu viens ici au cœur de l'hiver, effectuer cette randonnée avec des skis de fond. Autrement, durant le reste de l'année, en l'absence de neige, tu feras ce parcours avec tes chaussures de marche habituelles. L'été, ces sentiers frais et ombragés seront même très agréables lorsque la canicule s'abat sur les plaines.

Après le départ, qui se situe tout près de la bergerie, ne cherche pas de balisage de couleur sur ce parcours, mais suis plutôt les petits poteaux de bois sur lesquels est dessinée la silhouette de Jean Henri Fabre ; d'autres panneaux t'indiquent aussi piste de ski de fond. Il s'agit du même parcours et en les suivant tu as toutes les chances de conserver le bon sentier.

De plus, tout au long de ta randonnée, tu trouveras sur le côté de ton chemin des panneaux d'informations très utiles pour mieux comprendre l'histoire, la faune et la flore du mont Serein.

Durée du parcours : 2 heures 30

Campanules

Dauphinelle

Fougères

PAUSE LITTÉRAIRE

Bien avant Fabre, le poète italien Pétrarque fut sans doute le premier, en 1336, à faire le récit de son ascension du mont Ventoux :

Tout d'abord, frappé du souffle inaccoutumé de l'air
Et de la vaste étendue du spectacle,
Je restais immobile de stupeur,
Je regardais : les nuages étaient sous mes pieds.

Jean Henri Fabre était aussi poète. Il a écrit, en français et en provençal, de très belles pages sur la Provence. Dans son poème sur le Ventoux, il nous dit préférer la montagne en hiver :

Eres superbe, enmantela	Tu étais superbe emmantelée
D'uno limousino ufanouso	D'une limousine magnifique
Alor que la roupo nevouso	Alors que la houppelande neigeuse
Amagavo toun su pela	Couvrait ta tête chauve

Poésies françaises et provençales

Dans ses «Souvenirs entomologistes», Jean Henri Fabre jette un regard sans doute moins poétique sur le Ventoux, mais tout aussi passionnant :

> *A sa base, prospèrent le frileux olivier et cette multitude de petites plantes demi-ligneuses, telles que le thym dont les senteurs réclament le soleil des régions méditerranéennes ; au sommet, couvert de neige au moins la moitié de l'année, le sol se couvre d'une flore boréale, empruntée en partie aux plages des terres arctiques.*

Pavot des Alpes (baptisé par J.H. Fabre)

Épilobe à feuilles de romarin

Grande carline

ARRÊTS DÉCOUVERTES

L'écosystème de Jean Henri Fabre

Jean Henri Fabre avait compris, sans doute le premier, l'importance d'étudier les phénomènes naturels dans leur ensemble. C'est ce que l'on appelle aujourd'hui l'écosystème. Avant d'observer un insecte par exemple, l'auteur des *Souvenirs entomologistes* observait tout d'abord le vent, puis les plantes ou les roches sur lesquelles celui-ci se déplace. Voici comment il abordait son étude de la nature :

La plante est sœur de l'animal : comme lui, elle vit, se nourrit, se reproduit. Pour comprendre la première il est souvent très utile de consulter le second ; comme aussi, pour comprendre le second, il convient de chercher des renseignements auprès de la première.

Leçons à mon fils sur la botanique.

La forêt du Mont Ventoux.

La Forêt domaniale de Beaumont de Ventoux, qui s'étage de 540 à 1912 m d'altitude, n'était pas par hasard un lieu privilégié des recherches de Jean Henri Fabre. Tu trouveras en effet ici une flore et une faune d'une richesse extrême. Sans doute la plus riche de Provence. Comme le grand naturaliste, n'oublie pas de te munir d'une grosse loupe pour observer les insectes et d'une bonne paire de jumelles car avec un tout petit peu de chance tu pourras aussi apercevoir des chamois à proximité notamment des grands éboulis.

Épicéa

Le jardin de Jean Henri Fabre

Si tu veux en savoir plus sur Jean Henri Fabre, alors rends-toi vite à Sérignan-du-Comtat, à une dizaine de kilomètres au nord d'Orange, où tu pourras visiter sa propriété qu'il avait baptisée l'Harmas et qui est aujourd'hui transformée en musée. Sur place, ne t'étonne pas de rencontrer des personnes venues des Etats-Unis ou du Japon, car la réputation de ce naturaliste a franchi les frontières de la France depuis la publication de ses premiers livres qui lui valurent par ailleurs d'être surnommé l'Homère des insectes. Après la visite du jardin méditerranéen, tu pourras demander à ce que l'on t'indique la direction des sentiers botaniques qui se trouvent dans les communes environnantes de Camaret, Traivaillan, Uchaux et Violès.

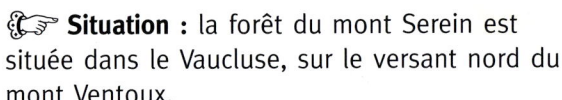

POUR LES GRANDES PERSONNES

☞ **Situation :** la forêt du mont Serein est située dans le Vaucluse, sur le versant nord du mont Ventoux.

☞ **Accès routier :** quitter la D 974 vers le nord sur la route conduisant au mont Serein.

☞ **A VTT :** le parcours peut convenir à la pratique du vtt, tout comme du ski de fond durant l'hiver.

Le Luberon d'Henri Bosco

Quel étrange pays que ce Luberon des romans d'Henri Bosco ! Tiens, regarde par ici ce petit âne gris qui descend au village pour livrer ses messages ! Et là-haut, quel mystère se cache dans ce domaine perché tout près du ciel dans la montagne ? Et Là-bas encore, sur cet îlot au milieu de la rivière, est-ce bien un renard qui joue avec un enfant ?

Mais ne crois surtout pas que cet univers plein de beautés et de mystères n'existe que dans l'imagination de cet écrivain. Bien au contraire ! Pour t'en assurer, plonge au cœur du Luberon et ouvre grand tes yeux.

Tu y es ? Très bien. Maintenant laisse le charme agir lentement, et à tout moment, au détour de ton sentier tu pourras traverser ces lieux entrevus en tournant les pages des romans d'Henri Bosco.

EN ROUTE

Après avoir fait si tu le veux un petit tour au hasard des ruelles de Vaugines, dirige-toi vers la petite église, à l'est du village. Une fois sur place, tâche de repérer le balisage rouge et blanc du sentier de Grande Randonnée qui longe la face nord de l'église, et se dirige vers l'est. Ne perds jamais ces marques de couleurs, car elles te guideront tout le long de ton parcours. Le début de ton chemin constitué d'une forte pente, te permet d'apprécier rapidement la belle vue sur la plaine vers le sud. Une fois la côte gravie, te voilà à présent dans un petit bois de chênes blancs, avec à ta gauche les hauteurs du Grand Luberon. Une vingtaine de minutes après ton départ, ton sentier va rejoindre la petite route goudronnée qui conduit au petit village de Cucuron.

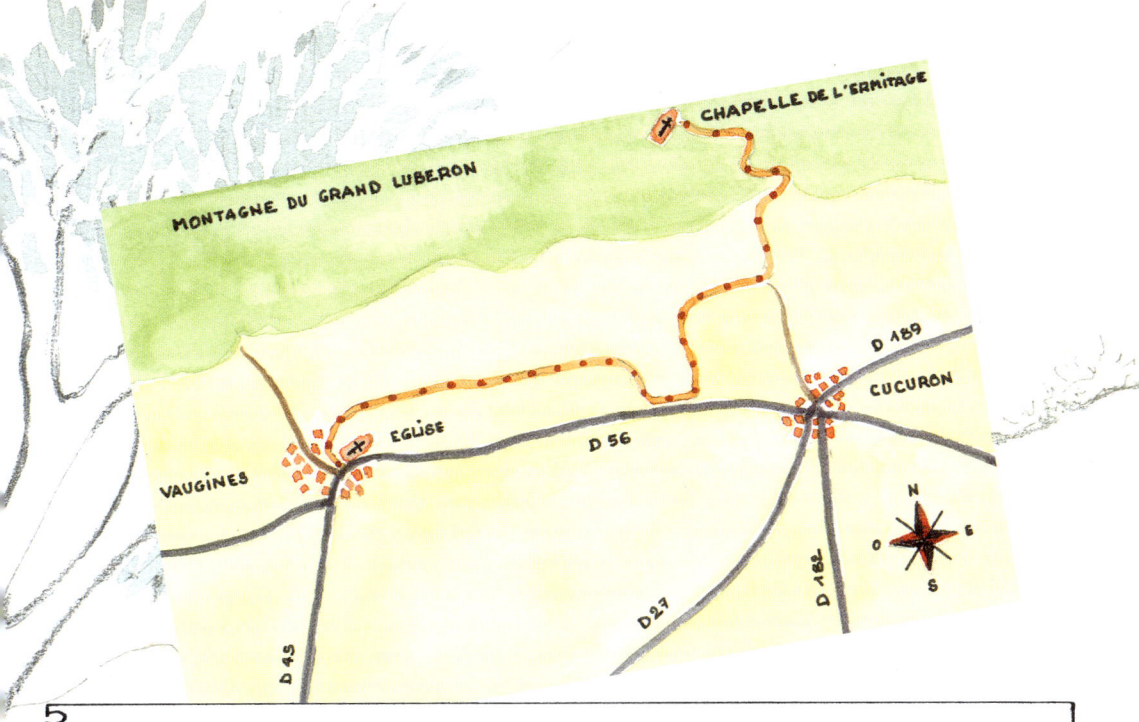

Emprunte-la donc vers la gauche, en prenant soin de rester sur le bas-côté, assez large pour que tu ne marches jamais sur la partie goudronnée. Moins de deux cents mètres plus loin, engage-toi sur la première petite route que tu rencontres sur ta gauche. Toujours balisée rouge et blanc, elle te conduit vers le nord, dans les collines. Un kilomètre plus loin environ, cette petite route se transforme soudain en un petit sentier rocailleux. Abandonne alors le balisage de grande randonnée (rouge et blanc) et prends à gauche la direction de l'Ermitage, bien indiqué par une pancarte. Tu tournes donc le dos à la plaine pour t'engager au cœur de la montagne du Grand Luberon.

Le sentier est maintenant toujours bien balisé par des pancartes. Après un bon quart d'heure d'ascension, tu atteins enfin la petite chapelle de l'Ermitage, décrite par Henri Bosco dans son roman Le mas Théotime. Tu peux maintenant apprécier en te retournant la très belle vue sur la plaine. Après avoir repris ton souffle, redescends la colline par le même sentier. Une fois revenu à la pancarte signalant l'Ermitage, au lieu de revenir sur tes pas, tu peux poursuivre ton chemin tout droit jusqu'au cœur du petit village de Cucuron (qui mérite bien une petite visite.) Ensuite, il te suffit de le quitter en direction de Vaugines. Une fois sur la petite route, tu vas facilement retrouver ton précédent sentier de grande randonnée, bien signalé par ses marques de couleurs sur ta droite, qui te conduit vers ton point de départ.

Durée du parcours : 2 heures ou plus si tu traverses le village de Cucuron

ARRÊTS DÉCOUVERTES

Les édifices et les villages des romans d'Henri Bosco
L'église romane de Vaugines

C'est surtout maintenant que la petite église de Vaugines prend sa vraie place au cœur de la Provence. Elle est bien là tout l'été, au fond de son bois de platanes... On l'aime en lui dédiant de bonnes paroles pour dire du bien de sa bonhomie et de sa modeste beauté.

Extrait de ***Carrefour de Provence*** **(Henri Bosco)**

Platane

Le petit village de Cucuron

Loin des circuits du tourisme de masse, Cucuron, dans son rempart du XIIIème siècle, est sans doute le village qui rappelle le plus les romans d'Henri Bosco. Son moulin à huile, par exemple, presse toujours depuis quatre siècles les olives du pays. Mais après la visite du moulin, si tu veux jouir d'un panorama superbe et d'un seul coup d'œil embrasser le village tout entier, il ne te reste plus qu'à monter sur la terrasse du donjon St-Michel.

Le château de Lourmarin

Ne manque surtout pas la visite du château de Lourmarin. Henri Bosco y séjourna de nombreuses années car à cette époque il appartenait à l'un de ses meilleurs amis. L'écrivain aimait beaucoup cette vieille demeure et tu pourras retrouver sa description dans plusieurs de ses livres. Par exemple l'action du dernier chapitre de **Pierre Lampedouze**, se déroule entièrement au cœur du château.

«L'olivier et la vigne,
Enlacent le château de Lourmarin
Les constellations l'argentent de leurs signes.
Le Luberon tout bleu trempe dans l'air latin.
Parfois quand le soir accompagne
Les chariots chargés de bois
On entend, sous un pin,
le hautbois de campagne.»

Extrait du *Roseau et la source*
Henri Bosco

PAUSE LITTÉRAIRE

De très nombreux romans d'Henri Bosco évoquent les deux petits villages que tu découvres dans ta randonnée. Voici par exemple le parcours du narrateur du *Trestoulas* :

La curiosité me prit de voir de près ce Luberon qui recelait tant de farouches mystères. Parti de Lourmarin, je longeai, de l'ouest à l'est, le versant sud de la montagne. Je visitai Vaugines et cet admirable village de Cucuron qui peut-être est le plus beau de ce versant.

Dans **Pierre Lampédouze**, le premier roman de Bosco, le personnage principal, parti de Paris découvre pour la première fois Cucuron :
Doucement je vis apparaître un village, un village antique installé sur les pentes d'une colline. Il se détache sur le fond d'une grande muraille en pierres bleues.

L'étrange domaine de L'Ane-Culotte se trouve au cœur du Luberon, sur les hauteurs d'un petit village.
*L'âne était près de moi.
Il me regardait.
L'Ane Culotte…
Près de moi, à me toucher.
Sur ma main son haleine humide, ses grands naseaux tendres, sa bonne chaleur animale.
Un geai s'envola d'une branche de mûrier, à ma droite. L'âne me regardait toujours. Il me disait :
- Grimpe sur mon dos. Je te porterai jusqu'à Belles-Tuiles. N'aie pas peur, tu peux monter à cru sans selle…*

Alors nous partîmes. Je ne sais comment je me trouvai sur le dos de l'Ane-Culotte. J'y étais cependant et il marchait.
Il marchait d'un pas relevé la tête haute. Il avait pris un sentier qui nous conduisit à l'orée d'une pinède...

Dans **Un habitant de Sivergues,**
l'auteur évoque la rencontre d'un enfant avec les montagnes du Luberon au-dessus de Vaugines :
- *Ça s'appelle Gerbaut. On y arrive par un mauvais chemin. Il y a au-dessus au moins huit cents mètres de montagne chaude, de grands rochers couverts de soleil.*
- *Où est-ce demandai-je ?*
- *A quatre kilomètres de Vaugines.*

POUR LES GRANDES PERSONNES

☞ **Situation :** la montagne du Grand Luberon se trouve au sud du département du Vaucluse.

☞ **Accès routier :** le petit village de Vaugines, point de départ de la randonnée, est situé entre Apt et Pertuis, sur la D56.

☞ **A VTT :** le parcours convient bien à la pratique du VTT. Cependant, vous monterez sûrement à pied le sentier qui conduit à l'Ermitage de Cucuron, ainsi que la courte mais forte côte que vous rencontrerez au départ de Vaugines. Vous trouverez également de très bons chemins de VTT en suivant le GR 97 qui relie Lourmarin à Vaugines.

Les Sentiers de Gordes : Château, Bories et Abbaye

Ton parcours, aujourd'hui, est une véritable leçon d'histoire et d'architecture. Le départ se situe dans les couloirs d'un château, puis après avoir emprunté un très bon sentier de grande randonnée, tu te retrouveras au creux d'un vallon dans les salles d'une très vieille abbaye. Si tu continues, tu découvriras cette fois des bories, faites d'un savant assemblage de pierres sèches.

Avant de partir, n'oublie surtout pas ton appareil photo ou un carnet pour faire des dessins, car la région où tu vas te balader est considérée comme l'une des plus belles de France.

EN ROUTE

Après avoir visité le château de Gordes, descends la rue de la gendarmerie vers le nord, et, une fois en bas de la côte, contourne la statue de Vasarely et emprunte, une centaine de mètres plus loin sur la droite, un petit chemin encore goudronné balisé en rouge et blanc (GR). En continuant ce petit chemin, tu vas rejoindre la départementale 177 que tu vas suivre vers la droite. 200 mètres plus loin environ, emprunte le sentier qui descend sur la gauche et qui est toujours bien balisé en rouge et blanc.

Durée du parcours : 2 heures 30

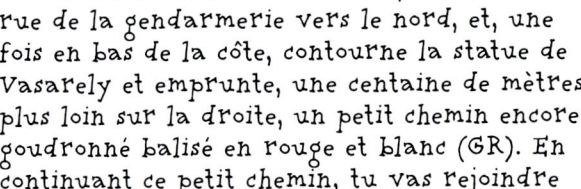

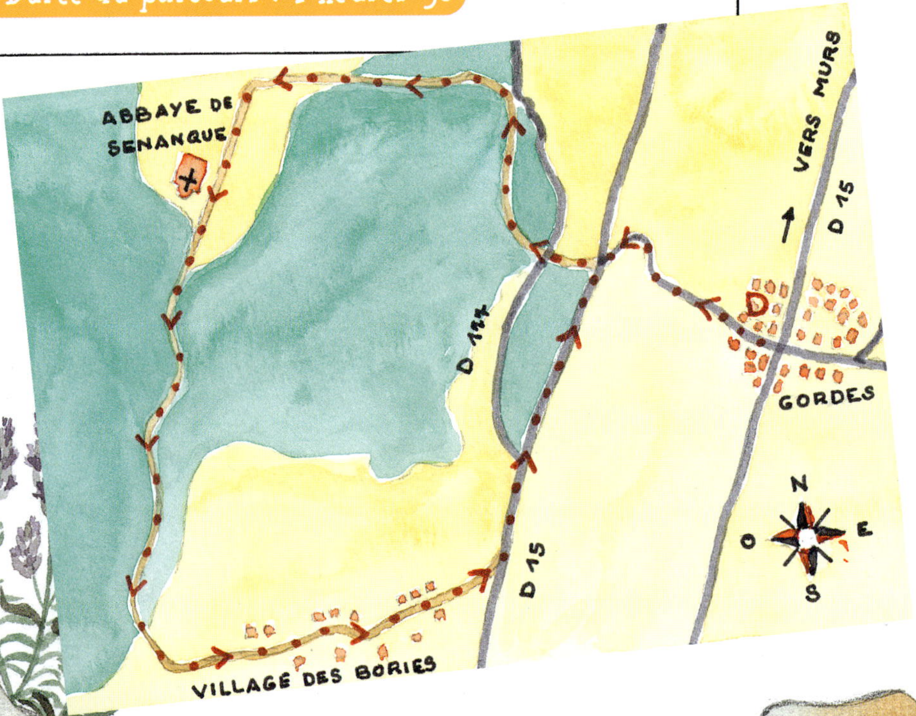

Maintenant, sois toujours bien attentif au balisage du sentier de Grande Randonnée qui bifurque sur la droite de ton chemin. Au sommet de cette côte, tu rejoins la départementale. Reste bien sur le bas-côté gauche de la route et tu ne tarderas pas à trouver, 200 mètres plus loin, un beau petit sentier qui descend vers l'abbaye de Sénanque. Après avoir visité l'abbaye, longe le côté Est du monastère vers le Sud et tu découvriras un balisage bleu qui va te permettre de suivre le petit cours d'eau de la Sénancole et de rejoindre 45 minutes plus tard environ une petite route goudronnée, bordée de propriétés privées, qui reste toujours bien balisée en bleu. En suivant ce balisage, tu rejoindras bientôt la route principale qui va te permettre de gagner le centre du village.

PAUSE LITTÉRAIRE

Ton chemin de randonnée va te conduire à l'abbaye de Sénanque, mais savais-tu qu'il a fallu compter environ 150 ans pour que le chantier soit entièrement achevé ? Le romancier et architecte Fernand Pouillon nous parle justement des hommes qui ont édifié ce monastère dans son ouvrage intitulé *Maître d'œuvre, Naissance d'une abbaye*.

Le titre de maître d'œuvre remplace au Moyen Âge celui d'architecte.
Il exerçait tous les rôles : entrepreneur, chef des maçons et des tailleurs de pierres, ingénieur et architecte. Ce titre, cette fonction inspirent un respect certain dont l'origine sentimentale se confond, pour nous, avec les réussites des œuvres exécutées au Moyen Âge.

Lorsque tu visiteras l'abbaye, si tu aimes observer les détails, tu t'apercevras que toutes les colonnes du cloître sont sculptées de manière différente.

ARRÊTS DÉCOUVERTES

Le village et le château

Il faut remonter au temps des grandes invasions pour comprendre l'origine de Gordes et des villages perchés de Provence qui accueillaient les populations des campagnes.

Le château, quant à lui, remonte au XIème siècle et s'est agrandi au XVIème siècle. Ce village et ce château n'ont pas été épargnés par l'Histoire. En effet ils ont dû faire face aux invasions, aux guerres de religion, aux tremblements de terre et ont même subi pour finir un bombardement durant la deuxième guerre mondiale !

Le village des bories

Les bories sont des sortes de cabanes rondes de pierres sèches, utilisées par les bergers jusqu'au XIXème siècle. Si tu aimes les randonnées en Provence tu en as sûrement découvert de très nombreuses fois. Mais ici, à Gordes, tu vas pouvoir te promener au sein d'un ensemble de constructions structuré en village. A côté des cabanes de bergers, tu vas aussi découvrir des ruelles, des enclos, des murs d'enceintes ou des aires à battre le blé.

L'abbaye de Sénanque

Contrairement au château de Gordes qui est situé au sommet d'une colline, l'abbaye de Sénanque que tu découvriras peu après, est bien cachée au fond d'un vallon. Ce n'est pas par hasard, car si le château assumait une fonction protectrice pour les populations, l'abbaye est quant à elle destinée au recueillement et à la paix. Voilà pourquoi les moines ont choisi pour l'édifier ce petit vallon paisible. La Provence compte deux autres abbayes dites cisterciennes et qui ont justement en commun, outre le même style architectural dépouillé, le choix d'un emplacement reculé. Les autres monastères cisterciens sont ceux du Thoronet, dans le Var, et de Sylvacane dans les Bouches-du-Rhône. Ces abbayes se ressemblent même tellement que tout le monde les appelle les "trois sœurs" de Provence.

Le mois de juin constitue le meilleur moment pour effectuer cette randonnée car du haut de la colline de Sénanque tu apercevras les champs de lavande en fleurs.
Habituellement, les moines en font la récolte autour du 15 juillet.

POUR LES GRANDES PERSONNES

👉 **Situation :** le village de Gordes, point de départ de la randonnée est situé dans le Vaucluse, à 15 km au nord-est de Cavaillon.

👉 **A VTT :** le parcours proposé est trop accidenté pour pouvoir être pratiqué à vtt.

LA FÉERIE DES OCRES

Tu sais où se trouve le Colorado n'est-ce pas ? Oui, bien sûr, c'est aux Etats-Unis. Mais, beaucoup plus près de toi, au cœur de la Provence, tout près de la ville d'Apt, il existe aussi le Colorado provençal. Les sentiers qui le traversent te conduiront au pied des Fées ou au milieu d'une vaste étendue que l'on appelle ici le Sahara. Cette région est renommée pour ses ocres qui composent autour de toi une véritable féerie de couleurs.

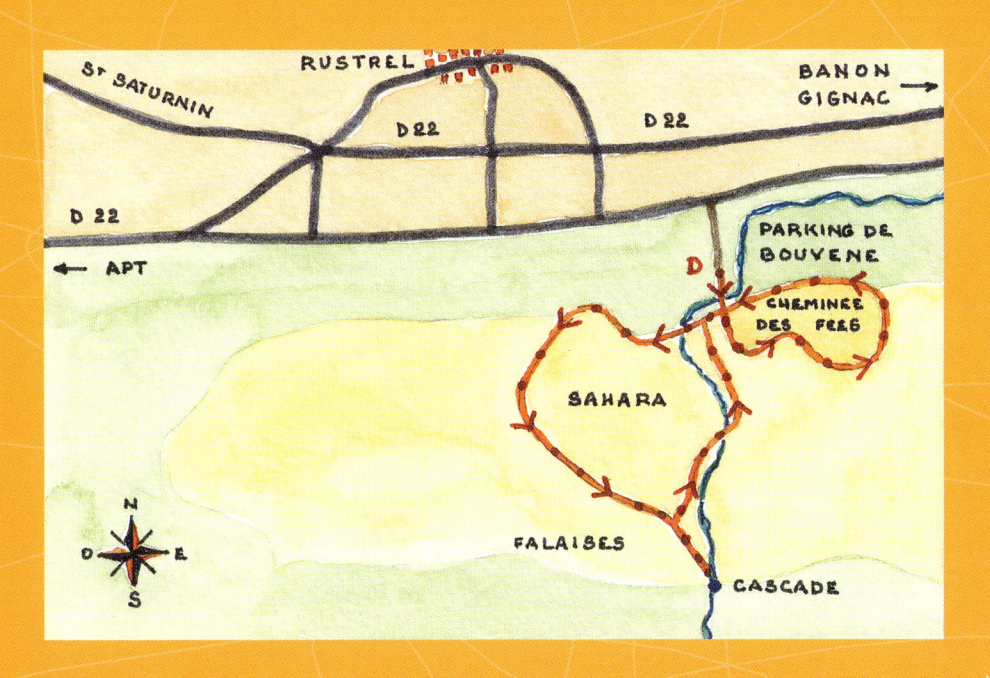

EN ROUTE

En quittant le parking, dirige-toi tout de suite vers le nord et tu ne tarderas pas à trouver, sur l'unique chemin qui s'enfonce dans la forêt, les deux balisages de couleur, bleu et rouge, correspondant aux deux parcours de randonnée que tu vas découvrir aujourd'hui. Le premier, tout d'abord, le sentier des Cheminées des Fées est balisé en bleu. Les marques de couleur sont très bien disposées et tu n'auras aucune difficulté à trouver le bon chemin. Dix minutes à peine après le départ, tu marches déjà sur les sentiers d'ocre jaune ou rouge. Une petite montée te conduit maintenant au pied de stalagmites géantes, des statues naturelles en quelque sorte que l'on appelle ici les Fées. Le sentier qui continue de monter va tourner autour des Cheminées des Fées, pour te ramener, une demi-heure après ton départ, au début du parcours.

Puisque tu as encore des forces, tu vas pouvoir suivre maintenant le sentier du Sahara, qui lui, est balisé en rouge. Ton chemin longe parfois un petit ruisseau qu'il te faudra enjamber de temps en temps. Dix minutes après ton départ, suis les panneaux qui t'indiquent la direction du Sahara. Tu traverses alors une forêt ombragée qui va déboucher sur un véritable petit désert, composé de dunes d'ocre jaune et rouge. Le sentier qui traverse cette vaste étendue que l'on appelle le Sahara te conduit à un panneau qui t'indique à présent : cascade. Il s'agit d'un bon chemin qui te permet de découvrir, en faisant un aller-retour, une petite chute d'eau bien agréable durant l'été. En revenant sur tes pas, il te suffit, pour rentrer, de suivre les panneaux indiquant le parking ou bien le balisage rouge.

Durée du parcours : 1 heure 30

ARRÊTS DÉCOUVERTES

Observe les ocres

Le terme d'ocre nous vient du grec ôkhra, qui signifie terre jaune. Mais si tu observes attentivement toutes les nuances de couleur dans les terres que tu traverses aujourd'hui, tu t'apercevras bien vite qu'il n'y a pas que du jaune autour de toi. Les spécialistes réussissent même, sur le parcours de ta randonnée d'aujourd'hui, à identifier pas moins de 17 nuances allant du jaune au rouge.

Petite histoire de l'ocre

L'histoire de l'ocre ressemble un peu à celle des fossiles car il faut remonter 200 millions d'années en arrière pour la comprendre. A cette époque, les fonds marins qui recouvraient nos régions ont reçu d'épais dépôts de calcaire qui ont ensuite été recouverts d'argile grise. Lorsque la mer s'est retirée, la Provence a alors été exposée à un climat tropical et à de grandes pluies qui transformèrent peu à peu les sables de couleur verte en sables ocreux.

Les ocres du Vaucluse que tu découvres aujourd'hui sont particulièrement riches puisqu'elles contiennent 70 % d'ocre pour seulement 30 % de sable. De plus, les couches qui atteignent parfois plus de 15 mètres d'épaisseur sont quasi inépuisables.

Utilisées très tôt par les hommes préhistoriques pour peindre les parois de leurs grottes, les ocres ont ensuite été utilisées par les Romains. En effet, lorsque ces derniers fondèrent la cité d'Apta Julia (Apt), leur attention fut très vite attirée par ces falaises qu'ils appelèrent les Monts Rouges. Beaucoup plus tard, durant tout le XIXème siècle, les ocres ont été exploitées industriellement.

Aujourd'hui, les carrières de cette région du Vaucluse attirent bien plus de promeneurs que d'ocriers car ce minéral a été durant le XXème siècle progressivement remplacé par des colorants synthétiques. Cependant, les ocres du Vaucluse sont encore très appréciées des peintres pour leurs qualités exceptionnelles.

Les ocres de la région

Mis à part Rustrel et son Colorado provençal, tu pourras trouver de très nombreux gisements d'ocre dans la région, à Villars ou à Gargas par exemple, mais l'un des plus réputés est situé sur la commune de Roussillon où l'association Okhra a décidé de faire revivre le passé des ocriers. Pour cela elle a, en collaboration avec la commune, reconstitué au sein de l'Usine Mathieu toute la chaîne de l'élaboration de ce minerai.

Plus qu'un musée, l'usine Mathieu est un véritable pôle d'activités qui concerne toutes les utilisations de l'ocre.

Association Okhra
Usine Mathieu D 104
84220 ROUSSILLON
04 90 05 66 69

Les ocres du château de Rustrel

Le petit village de Rustrel, qui vivait il y a encore cinquante ans de l'industrie des ocres, mérite que l'on s'y arrête un instant pour flâner au hasard de ses ruelles ou découvrir le très beau château qui, commencé en 1592 ne fut achevé qu'en 1990 grâce aux travaux entrepris par la mairie et le Parc Naturel du Luberon.
Les teintes que tu aperçois sur les façades extérieures mais également à l'intérieur du château, ont bien entendu été obtenues grâce à l'emploi de l'ocre des carrières toutes proches. Cet édifice, classé monument historique, abrite aujourd'hui la Mairie du village.

POUR LES GRANDES PERSONNES

☞ **Situation :** les carrières d'ocres de Rustrel se trouvent dans le département du Vaucluse, au nord-est d'Apt.

☞ **A VTT :** les sentiers proposés ici ne conviennent pas à la pratique du VTT. Cependant, la région de Rustrel offre de très nombreuses petites routes à découvrir en priorité à vélo.

☞ **Conseils :** n'oubliez pas d'emporter un petit sachet pour recueillir une petite quantité d'ocre, qui s'avère un excellent colorant pour des travaux d'Arts Plastiques.

Attention : il est préférable de ne pas emprunter ces sentiers par temps de pluie ou même les lendemains de pluie, car les ocres se transforment très rapidement en une boue qui rend difficile la randonnée.

AU MILIEU DES GRANDS CÈDRES

Tout comme les hommes qui voyagent et vont parfois coloniser de nouveaux pays, une espèce d'arbre peut aussi s'établir loin, très loin de sa terre d'origine. Par exemple, les grands cèdres que tu vas découvrir aujourd'hui, ont été semés en Provence il y a plus de 150 ans à partir de graines récoltées dans les montagnes de l'Atlas en Afrique du Nord. Ces arbres se sont tellement bien adaptés au climat méditerranéen qu'ils ont même formé une grande famille qui s'étend aujourd'hui sur plus de trois cents hectares. Les forestiers de leur côté ont tracé de larges sentiers pour que tu puisses partir en randonnée en toute tranquillité et faire connaissance avec les cèdres, ces géants de Provence !

EN ROUTE

Une fois les barrières franchies, dirige-toi tout droit vers l'ouest, sur le large chemin qui s'enfonce dans la forêt. Quatre cents mètres plus loin environ, repère sur ta gauche les marques jaunes qui t'indiquent le début de ton sentier qui mène vers le sud. Emprunte donc le petit chemin qui te conduit très vite à un panneau d'information. Tu rencontreras plusieurs panneaux comme celui-là, tout au long de ton parcours ; lis-les attentivement, ils t'apprendront beaucoup de choses sur les arbres et les plantes mais aussi sur les nombreux animaux qui vivent dans la forêt. Le sentier, toujours balisé en jaune descend maintenant le long d'une petite colline bien ombragée, avant de te conduire vers l'ouest sur un chemin étroit qui serpente vers le sommet d'une butte d'où tu peux apprécier un vaste panorama vers le sud.

Afin de ne jamais t'égarer, les forestiers ont installé sur le parcours, en plus du balisage jaune, des petits plots en fer, peints en bleu, dans lesquels sont gravées des flèches qui t'indiquent le chemin à suivre. Les mauvaises pistes sont quant à elles le plus souvent indiquées par un tronc d'arbre positionné en travers du chemin. Quelques mètres après le panneau n° 7, tu as la chance de découvrir un point de vue exceptionnel sur la région. L'endroit est par ailleurs bien ensoleillé et convient idéalement à une pause pique-nique par exemple. Poursuis maintenant ton chemin vers le nord en plein cœur de la cédraie. Le large sentier côtoie et croise un grand nombre d'autres sentiers et il te faut rester concentré sur le balisage jaune qui te ramène bientôt sur la large piste goudronnée. Tourne alors à droite et rejoins ainsi ton point de départ.

Durée du parcours : 2 heures

PAUSE LITTÉRAIRE

Les cèdres ont toujours été considérés dans les grandes religions comme des arbres sacrés. Une des plus anciennes légendes de l'antiquité, qui vient d'Asie mineure, raconte les aventures de Gilgamesh qui ose s'aventurer dans la forêt de cèdres gardée par le terrible Houmbada :

Gilgamesh prend sa hache et se met à couper un cèdre.
Sa chute fait un bruit assourdissant.
Lorsque Houmbada l'entend, il s'écrie furieux :
- Qui a pénétré dans la forêt et a porté la main sur les arbres qui poussent sur ma montagne ?

Le dieu Shamash déchaîne alors les grands ouragans…

Le cèdre a depuis toujours été employé dans la construction de maisons. Pline l'Ancien raconte aussi comment il fut utilisé dans la construction navale, mais il évoque aussi ses vertus médicinales :

En Egypte, les rois manquant de sapins employèrent le cèdre pour construire leurs bateaux. Le plus grand fut coupé à Chypre pour une galère à onze rangs de rameurs. Il avait cent trente pieds de long et il fallait trois hommes pour l'embrasser.

Le grand cèdre donne une poix excellente pour les maux de dents. Il est certain aussi que la sciure de cèdre met en fuite les serpents. Les cédrides, c'est-à-dire les fruits du cèdre guérissent la toux.

Histoire naturelle *(Pline l'Ancien)*

ARRÊTS DÉCOUVERTES

Espèce de lumière et espèce d'ombre

Lorsque tu commences ta randonnée, compare les cèdres aux nombreux chênes qui se côtoient à l'orée de la forêt. Si tu observes bien le tronc du chêne tu remarqueras tout de suite qu'il est beaucoup moins droit que celui du cèdre. C'est parce que durant toute sa croissance, le jeune chêne a besoin de beaucoup de lumière et il va constamment se frayer un passage entre les branches voisines pour parvenir au plein soleil.
Le chêne est donc qualifié d'espèce de lumière. Le tronc du cèdre au contraire a une croissance rectiligne, car il s'accommode très bien de l'ombre du sous-bois. C'est pourquoi le cèdre et tous les arbres au tronc très droit sont qualifiés d'espèce d'ombre.

Le cèdre est un grand immeuble habité

Regarde bien ce grand cèdre là devant toi et essaie de découvrir qui sont tous ses habitants. Tout d'abord, baisse-toi et observe bien le rez-de-chaussée : il est habité par une grande famille qui s'est installée dans les racines : ce sont les champignons. Le tronc quant à lui accueille des familles de plantes sans racine ni tige et qui aiment beaucoup l'humidité : ce sont les mousses. Mais la famille la plus nombreuse qui habite le tronc est celle des insectes qui sont partout présents. La dernière famille n'aime que les derniers étages des branches : ce sont les oiseaux bien sûr, dont les nombreux nids sont inaccessibles à l'homme en raison de la hauteur des cèdres.

Les feuillus et les arbres à feuilles persistantes

Quelle que soit la saison de l'année, si tu regardes de près les aiguilles du cèdre tu verras qu'elles sont toujours vertes. Comme le pin, le cèdre fait partie des espèces à feuilles persistantes, contrairement aux espèces dites feuillues qui voient leurs feuilles changer de couleur au début de l'automne. Toujours à l'entrée de la forêt des cèdres, tu peux t'amuser à trouver des arbres de la famille des feuillus, comme le chêne pubescent par exemple. Attention le chêne vert, quant à lui, appartient à l'espèce des feuilles persistantes !

POUR LES GRANDES PERSONNES

☞ **Situation :** la forêt de cèdres est située dans le département du Vaucluse au sein du Parc Naturel Régional du Luberon.

☞ **Accès routier :** la petite route (DFCI des crêtes n°30) qui conduit à l'orée de la forêt se trouve bien indiquée sur la D 36, 3 Km au sud-est du village de Bonnieux.

☞ **Conseils :** l'aube est le meilleur moment pour découvrir la forêt de cèdres, car vous aurez la chance d'entendre le concert des très nombreux oiseaux qui s'éveillent.
L'hiver est déconseillé pour traverser la cédraie, naturellement humide et froide.
Attention : Il n'existe pas moins de 350 espèces de champignons dans la cédraie, et rien ne ressemble plus à un champignon comestible qu'un champignon vénéneux.

☞ **A VTT :** le parcours proposé ici ne convient pas à la pratique du vtt. Cependant, la large piste centrale, longue de plusieurs kilomètres, est parfaitement adaptée à cette activité.

La Cour de Récréation de Frédéric Mistral

O *baume ! o clarun ! o pas de la naturo manso ! que relarg de bonur e de pantai paradisen avès dubert sus moun enfanço !* Tu as compris ? pas tout, n'est-ce pas ? C'est du provençal, la langue dans laquelle écrivait le grand poète Frédéric Mistral, et ça signifie : *"O arômes ! ô clartés ! ô paix de la nature douce ! Quels espaces de bonheur, de rêve paradisiaque vous avez ouverts sur mon enfance !"*
Et c'est vrai qu'il fut heureux le petit Frédéric Mistral, toujours à vagabonder autour de la ferme familiale ou à s'échapper dans la plaine de la Crau. Et lorsqu'il dut aller à l'école à l'abbaye de Saint-Michel-de-Frigolet il découvrit que la cour de récréation se trouvait encore en pleine nature, sans aucune limite.
Cette région de nos jours a conservé tout son charme, et que tu parles français ou Provençal… Zou ! En route pour les sentiers du massif de la Montagnette !

EN ROUTE

Au départ rends-toi tout d'abord devant la grille d'entrée de l'ancien monastère de Saint-Michel-de-Frigolet. Lorsque tu es en face de la grille, dirige-toi à droite en longeant le mur d'enceinte en direction du nord-ouest. Cent mètres plus loin, après avoir dépassé sur ta droite un grand champ, tu vas trouver encore sur ta droite un large chemin pare feu (chemin noté N14 A91). Des panneaux t'indiquent même ta direction : Boulbon, où le petit Frédéric Mistral se rendait souvent à pied avec ses maîtres et ses camarades de classe.

Dès que tu as franchi la barrière d'entrée du sentier, tâche de vite repérer les marques jaunes que tu vas suivre aujourd'hui sans jamais les quitter. Attention tout de même, après deux cents mètres environ, le balisage jaune abandonne la large piste en te guidant sur la gauche. Soit très attentif aux marquages au sol surtout, car il y a peu d'arbres durant les huit cents premiers mètres de ton parcours. Après un petit quart d'heure de marche tu peux apprécier en te retournant une très belle vue sur St-Michel-de-Frigolet. Au nord tu vois déjà le mont Ventoux, et au sud la chaîne des Alpilles.

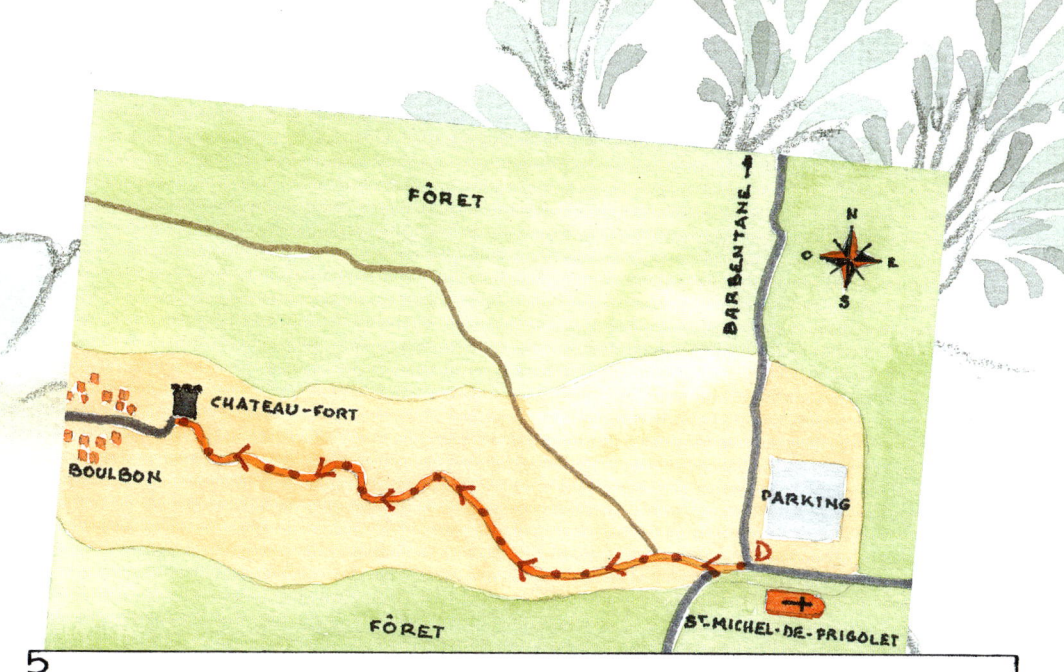

Après avoir dépassé un nouveau panneau t'indiquant la direction de Boulbon, le sentier jaune te conduit dans une petite forêt ombragée. Peu après, le sentier traverse d'anciennes gorges, l'arrivée n'est plus très loin. Maintenant, relève un peu la tête car au détour de ton chemin tu vas bientôt apercevoir au sommet d'une colline l'imposant château-fort de Boulbon.

En continuant ton chemin tu pénètres alors dans le joli petit village du même nom, où tu as bien mérité de faire une halte sur la place centrale ombragée. Pour le retour, il te suffit de traverser le village et de retrouver la rue du Château qui va te conduire de nouveau à l'orée de la forêt sur ton chemin de St-Michel-de-Frigolet.

Durée du parcours : 2 heures 30

PAUSE LITTÉRAIRE

Dans **Mémoires et Récits** Frédéric Mistral raconte ses souvenirs d'enfance et la vie dans son école de Saint-Michel-de-Frigolet :

D'aussi loin qu'il me souvienne, je vois devant mes yeux, au Midi, là-bas, une barre de montagnes dont les mamelons, les rampes, les falaises et les vallons bleuissaient du matin aux vêpres, plus ou moins clairs ou foncés, en hautes ondes. C'est la chaîne des Alpilles, ceinturée d'oliviers, comme un massif de roches grecques.

Dans les collèges, d'ordinaire, les écoliers sont parqués dans de grandes cours froides, entre quatre murs. Mais nous autres, pour courir, nous avions toute la Montagnette.

Quand venait le jeudi, ou même aux heures de la récréation, on nous lâchait tel qu'un troupeau et en avant dans la montagne, jusqu'à ce que la cloche nous sonnât le rappel.
C'est chose délicieuse, incomparable, à cet âge, de se sentir maître absolu, d'aller partout où l'on veut et en avant dans les garrigues ! Et en avant aux marécages ! Et en avant par la montagne ! Toutes les bêtes et les bestioles là vous tiennent compagnie ; vous comprenez ce qu'elles font, ce qu'elles disent, ce qu'elles pensent, et il semble qu'elles comprennent tout ce que vous leur dîtes.

ARRÊTS DÉCOUVERTES

L'Abbaye de Saint-Michel de Frigolet

Le site a bien changé depuis que le jeune Frédéric y était écolier mais, au départ ou à l'arrivée de ta randonnée, St-Michel-de-Frigolet vaut la peine de s'y arrêter un instant. Les origines de la vie religieuse datent ici de fort longtemps. Il faut en effet remonter à l'an 1133 pour trouver mention d'une Communauté de treize chanoines en ce lieu, qui ont légué le cœur actuel du monastère : le cloître de l'église Saint-Michel ainsi que la chapelle actuelle de Notre-Dame du Bon Remède.
En arrivant par le côté nord tu peux découvrir le témoignage architectural de cette époque en visitant la petite et modeste église dont les deux travées centrales ainsi que le clocheton et la frise de la crête du toit datent du XIIème siècle. Ne manque pas non plus la visite du cloître roman où tu remarqueras que les colonnettes se terminent par une sculpture représentant des "*personnae*", sortes de masques de théâtre.

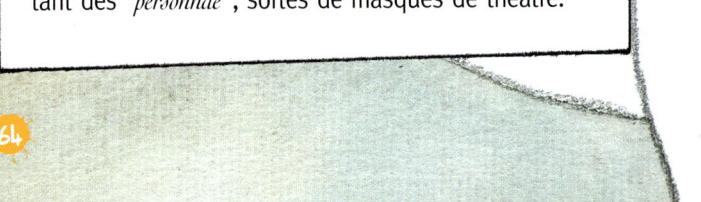

Déjà évoqué par Alphonse Daudet qui y situa l'action de sa nouvelle *l'Elixir du père Gaucher*, Frédéric Mistral nous rappelle quant à lui que ce lieu fut successivement fréquenté par les moines, avant d'être investi quelques siècles plus tard par les contrebandiers qui cédèrent à leur tour leur place aux bergers, aux joueurs de cartes et enfin aux écoliers. Aujourd'hui, ce site héberge une communauté religieuse qui appartient à l'Ordre des Chanoines Réguliers de Prémontré. Dans ce lieu paisible, les frères accueillent les visiteurs, les hôtes de passage et les retraitants.

La langue natale de Frédéric Mistral

Voici les mots de ta randonnée que le jeune Frédéric devait employer tous les jours avec ses amis dans les collines de la Montagnette :

Français	Provençal
Sentier	draio
Randonnée	longo virado
Pause	pauso
Arbre	aubre
Château	castèu
Colline	coulino

Les œuvres de Mistral ont toutes été écrites en provençal, mais cette langue n'est pas si difficile. Par exemple, la description dans **Mémoires et récits** de Saint-Michel-de-Frigolet peut se deviner assez facilement :
Un vièi couvent que i'avié dins la Mountagneto, a dos ouro de noste mas, entre-mitan Gravesoun, Barbentano e Tarascoun.
(Un vieux couvent, situé dans la Montagnette, à deux heures de notre Mas, entre Graveson, Barbentane et Tarascon.)

Longo virado

Coulino

Aubre

Draio *Pauso*

A Maillane, chez Frédéric Mistral

Maillane, toute proche de l'abbaye de St-Michel-de-Frigolet, vaut bien plus qu'une halte. Tu peux notamment y visiter dans l'Avenue Lamartine la maison de Mistral (Maison du Lézard) ainsi que le musée consacré à cet auteur. Tu y retrouveras tous les souvenirs de cet écrivain qui reçut le prix Nobel de littérature : le bureau où il travaillait ainsi que sa correspondance. Ne manque pas non plus sur la route de Saint-Rémy de Provence, au sortir du village, le Mas du Juge, la maison natale de Frédéric Mistral, qui fait face à la chaîne des Alpilles.

POUR LES GRANDES PERSONNES

☞ **Situation :** l'ancienne abbaye de St-Michel-de-Frigolet, se trouve à l'extrémité ouest des Bouches-du-Rhône, au pied du massif de la Montagnette, entre Tarascon et Avignon.

☞ **Accès routier :** on y accède facilement par la D 81 et la D35E sur lesquelles elle se trouve bien signalée. Peu avant l'arrivée à St-Michel, vous découvrirez avec étonnement de part et d'autre de la route, des petites tours qui semblent sorties tout droit d'un décor de conte de fée. Vous trouverez alors aisément, devant l'ancienne abbaye, de vastes champs où vous pourrez stationner votre véhicule.
Le parcours s'effectuant par aller-retour, il est possible, si vous vous rendez sur place à deux véhicules de stationner également sur la place centrale du village de Boulbon, à l'ouest de St-Michel-de-Frigolet. Le parcours pédestre s'achève en effet aux premières maisons du village, après le château.

☞ **A VTT :** le parcours proposé ne convient pas à la pratique du VTT.
Cependant, en arrivant sur le site de St-Michel-de-Frigolet, vous découvrirez sur le panneau d'affichage du Conseil Général de nombreux circuits, en direction de Barbentane notamment, très bien adaptés à la pratique de ce sport.

☞ **Attention :** si vous partez par forte chaleur veillez à ce que tout le monde soit couvert de chapeaux ou casquettes car la première partie du parcours ainsi que le retour se font sur des chemins peu ou pas ombragés.

LES MEUNIERS,
des Romains à Alphonse Daudet

La Provence a toujours été une bonne terre à blé. Alors, dès la fin de la Préhistoire les hommes ont commencé à moudre ces grains avec des pierres pour en faire de la farine. Plus tard ce sont les esclaves romains qui ont continué ce dur travail. Et puis un jour, les esclaves ne suffirent plus. Les villes devenaient de plus en plus grandes et les habitants réclamaient toujours plus de farine, pour faire toujours plus de pain. Il fallait trouver une solution. Alors les ingénieurs romains ont eu l'idée d'utiliser la force de l'eau pour moudre le blé et ils ont construit tout près de la ville d'Arles, la plus grande usine de l'Antiquité. Mille ans plus tard, la force du vent allait remplacer la force de l'eau et ce fut la naissance des moulins à vent. Tu es curieux de voir toutes ces machines d'un peu plus près n'est-ce pas ?

C'est très simple, il te suffit de suivre le très bon sentier qui te conduira à travers bois de l'usine romaine de Barbegal jusqu'aux moulins à vent de Fontvieille.

EN ROUTE

Au départ, ne t'engage pas tout de suite sur le chemin forestier mais suis plutôt vers l'ouest, la petite route pendant 300 mètres, pour atteindre l'aqueduc romain. Sur place, tu vas très facilement trouver le petit chemin qui se dirige vers la gauche, en direction du sud, et qui reste toujours parallèle à l'aqueduc. En le suivant, tu arrives quelques petites minutes plus tard à l'usine romaine de Barbegal. Après avoir découvert le site, repars en sens inverse jusqu'à ton point de départ. Tu peux maintenant t'engager dans le massif forestier qui va te conduire jusqu'aux moulins à vent de Fontvieille.

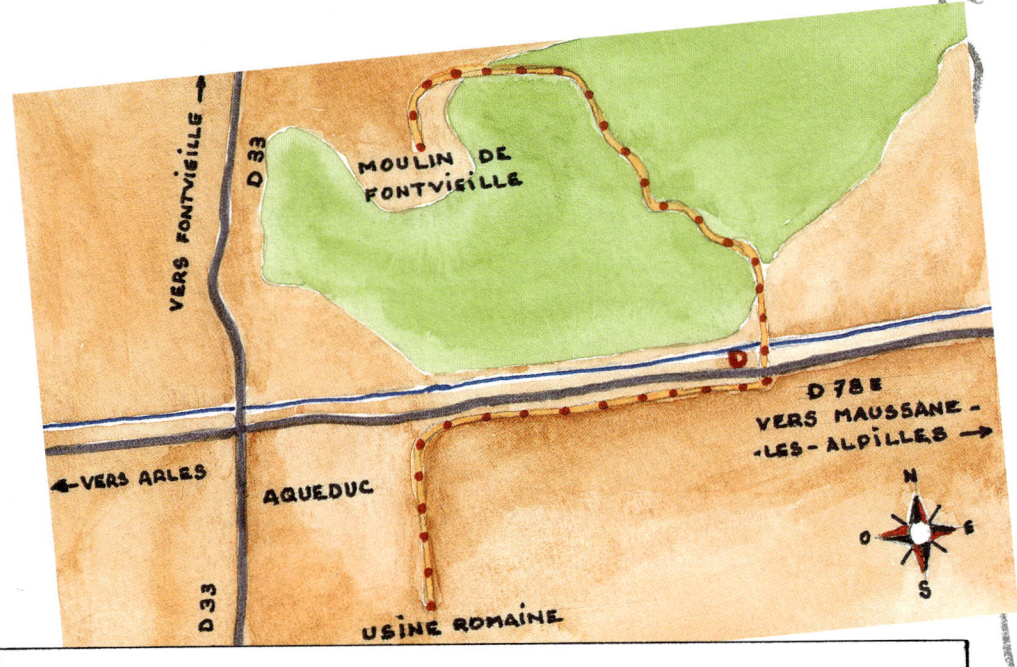

Après avoir franchi la première barrière (portant le n°5) interdisant l'accès aux véhicules, franchis aussi la deuxième qui se trouve moins de cent mètres plus loin sur la gauche. Cette dernière porte le n° 6 et sa marque jaune t'indique le sentier de petite randonnée que tu vas suivre jusqu'à l'arrivée. Ne perds jamais le tracé jaune qui va te conduire 800 mètres plus loin sur un chemin bien ombragé par de grands pins. Tu aperçois encore parfois en contrebas la petite route départementale de Fontvieille, avant de t'engager en pleine forêt.
Si tu remarques parfois sur ton sentier un balisage rouge et blanc, n'y prête pas attention, c'est seulement le signe que plusieurs chemins se confondent par moment. Reste donc concentré sur ton tracé jaune qui te conduit bientôt à un carrefour de sentiers où une pancarte t'indique déjà : Moulin de Daudet 30 minutes.

Tu te trouves alors sur le chemin que certains paysans empruntaient autrefois avec leur attelage chargé de grains qu'ils apportaient au meunier. En suivant toujours le balisage jaune, tu découvres donc bientôt sur le côté droit de ton chemin le premier moulin à vent : c'est le moulin Tissot. En t'approchant tu peux même trouver la grande meule de pierre restée au sol. Toujours sur la droite tu découvres cent mètres plus loin le moulin Ramet malheureusement fermé, avant de pouvoir visiter au sommet de la colline le moulin St-Pierre, plus connu sous le nom de Moulin de Daudet.

Pour le retour il te suffit de redescendre la colline, et de retrouver le tracé jaune qui te ramènera jusqu'à ton point de départ.

Durée du parcours : 2 heures 30

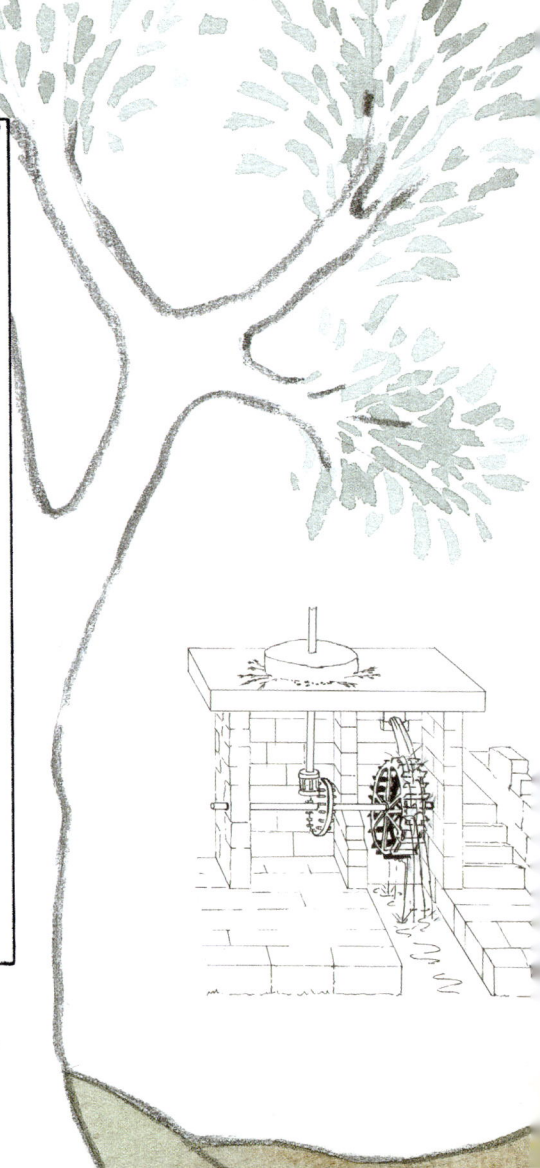

ARRÊTS DÉCOUVERTES

L'usine romaine de Barbegal

Te voici arrivé sur le site de Barbegal, où tu peux toujours voir les pierres de l'une des plus vieilles usines de l'Antiquité. Mais sais-tu pourquoi, contrairement aux usines modernes, les romains construisirent celle-ci sur une pente ? C'est tout simplement parce qu'elle fonctionnait grâce à la force de l'eau, qui après avoir parcouru près de 50 km depuis sa source dans les Alpilles, descendait la colline et faisait tourner d'immenses roues. Ces roues, que l'on appelle des roues à aube, actionnaient à leur tour de lourdes pierres rondes, appelées des meules, qui écrasaient le blé pour en faire de la farine.

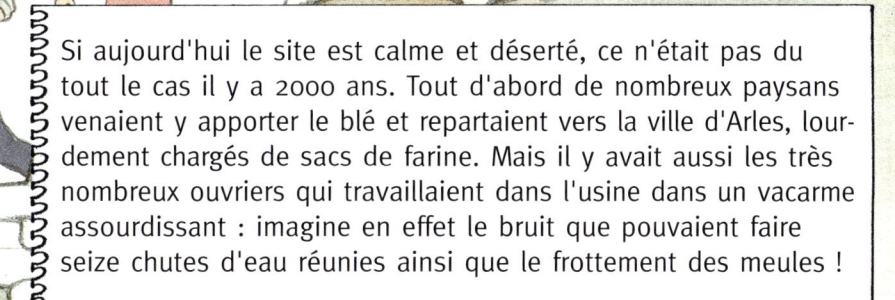

Si aujourd'hui le site est calme et déserté, ce n'était pas du tout le cas il y a 2000 ans. Tout d'abord de nombreux paysans venaient y apporter le blé et repartaient vers la ville d'Arles, lourdement chargés de sacs de farine. Mais il y avait aussi les très nombreux ouvriers qui travaillaient dans l'usine dans un vacarme assourdissant : imagine en effet le bruit que pouvaient faire seize chutes d'eau réunies ainsi que le frottement des meules !

Les moulins à vent et la Provence

Probablement en raison de la force et de la fréquence de ses vents dominants, la Provence fut au XIIème siècle la première région de France à construire des moulins à vent. Mais les moulins du Moyen Âge n'avaient pas du tout la même apparence que ceux que tu peux voir encore aujourd'hui. Leurs corps, entièrement en bois, pivotaient sur une assise elle aussi en bois. Ce n'est que trois siècles plus tard que l'on construira les premiers moulins en pierre. Mais, à partir de l'année 1750, l'invention de la machine à vapeur mettra progressivement fin à la belle histoire des moulins à vent de Provence.

Les moulins de Fontvieille

Lorsqu'en 1860 Alphonse Daudet découvre la petite ville de Fontvieille, les quatre moulins de sa petite colline sont toujours en activité. De nos jours, les visiteurs ne s'intéressent bien souvent qu'au moulin St-Pierre, que l'on appelle Moulin de Daudet car il correspond le mieux à la description faite dans son ouvrage bien connu. Mais tu peux encore découvrir le plus ancien d'entre eux, construit en 1791, qui s'appelle le moulin Sourdon, le moulin Tissot et enfin le moulin Ramet qui fonctionna jusqu'en 1905. Aujourd'hui, tu peux bien sûr visiter le Moulin de Daudet, et le petit musée consacré à cet écrivain qui se trouve au pied de cet édifice.

PAUSE LITTERAIRE

L'écrivain marseillais André Suarès évoque dans **Provence** ses impressions devant les ruines de l'usine romaine de Barbegal :

Impression du soir.

A Barbegal, aux portes d'Arles, les restes d'un aqueduc romain qui portait l'eau des Alpilles à la ville impériale rendent à celui qui l'a connu l'image de la campagne. Une flèche de vermeil, une aile de clarté verte passaient entre les branches, et finissaient en caresse sur ces très vieilles pierres.

Frédéric Mistral aussi évoque cet édifice antique dans ses Mémoires :

C'est au penchant de cette côte qu'on rencontre les tronçons du grand aqueduc romain… conduit que les gens du pays nomment Ouide di Sarrasin.

Dans les **Lettres de mon Moulin**, Alphonse Daudet décrit le moulin à vent qu'il vient d'acheter et la nature qui l'entoure, mais il raconte aussi la vie et le travail d'un vieux meunier :

C'est de là que je vous écris, ma porte grande ouverte, au bon soleil.
Un joli bois de pins tout étincelant de lumière dégringole devant moi jusqu'au bas de la côte. A l'horizon, les Alpilles découpent leurs crêtes fines…Tout ce beau paysage provençal ne vit que par la lumière.

Tout autour du village, les collines étaient couvertes de moulins à vent. De droite et de gauche, on ne voyait que des ailes qui viraient au mistral par-dessus les pins, des ribambelles de petits ânes chargés de sacs, montant et dévalant le long des chemins…

POUR LES GRANDES PERSONNES

☞ **Situation :** l'aqueduc romain et le site antique de Barbegal, se situent dans les Bouches-du-Rhône à une dizaine de kilomètres au nord-est d'Arles.

☞ **Accès routier :** en venant de la direction d'Arles ou de Tarascon il vous faut trouver le carrefour de la D33 (qui conduit à Fontvieille) et de la D82, où la direction de l'aqueduc est bien indiquée. En venant de l'est, emprunter la très belle D78 E que vous trouverez en quittant le petit village du Paradou au sortir de Maussane-les-Alpilles.
Le point de départ de la randonnée se situe à 300 mètres à l'Est de l'aqueduc. Sur le côté nord de la route, vous trouverez aisément un large chemin, où de nombreuses voitures trouvent à se garer chaque fin de semaine. Une pancarte indiquant une route pare-feu (DFCI A 180) vous confirme que vous êtes au bon endroit.

☞ **A VTT :** Le parcours proposé convient parfaitement à la pratique du VTT. Cependant peu avant l'arrivée aux premiers moulins de Fontvieille, il conviendra de mettre pied à terre pour emprunter le sentier étroit et bordé de branches basses.

Attention : comme tous les massifs des Alpilles, l'accès au massif forestier est interdit du premier juillet au deuxième samedi de septembre.

LES ARBRES DE VAN GOGH

Tu as sûrement déjà entendu parler du peintre Vincent Van Gogh qui a vécu en Arles et à Saint-Rémy-de-Provence ; mais sais-tu pourquoi il a quitté sa Hollande natale pour entreprendre ce long voyage vers le sud de la France ? Eh bien c'est tout simplement pour découvrir une nouvelle lumière et de nouveaux motifs, comme par exemple les oliviers et les cyprès qu'il n'avait encore jamais peints auparavant.

Lorsque tu vas emprunter les premiers sentiers de ton circuit, rappelle-toi alors qu'il y a à peine plus de cent ans, Vincent Van Gogh, un peu comme un randonneur, partait lui aussi sur les mêmes chemins en emportant sur son dos son lourd matériel de peintre.

EN ROUTE

Au départ, emprunte la petite route goudronnée qui longe le mur sud de St. Paul de Mausole. Environ 200 mètres plus loin, tu aperçois déjà ton sentier sur la droite. Une pancarte indique : Promenade sur les lieux peints par Van Gogh, Les Deux Trous et Vallon de St-Clerg. En t'engageant sur ce chemin, essaie déjà de repérer le tracé jaune, que tu vas devoir suivre durant toute l'ascension de cette colline. Peu après, le sentier se confond avec le tracé du G.R rouge et blanc. Dix minutes après le départ, tu découvres sur le côté droit du chemin, le site antique de Glanum. En le dépassant, tu t'engages maintenant dans un vallon où un bon sentier te conduit au sommet de la colline jusqu'à une petite route goudronnée.

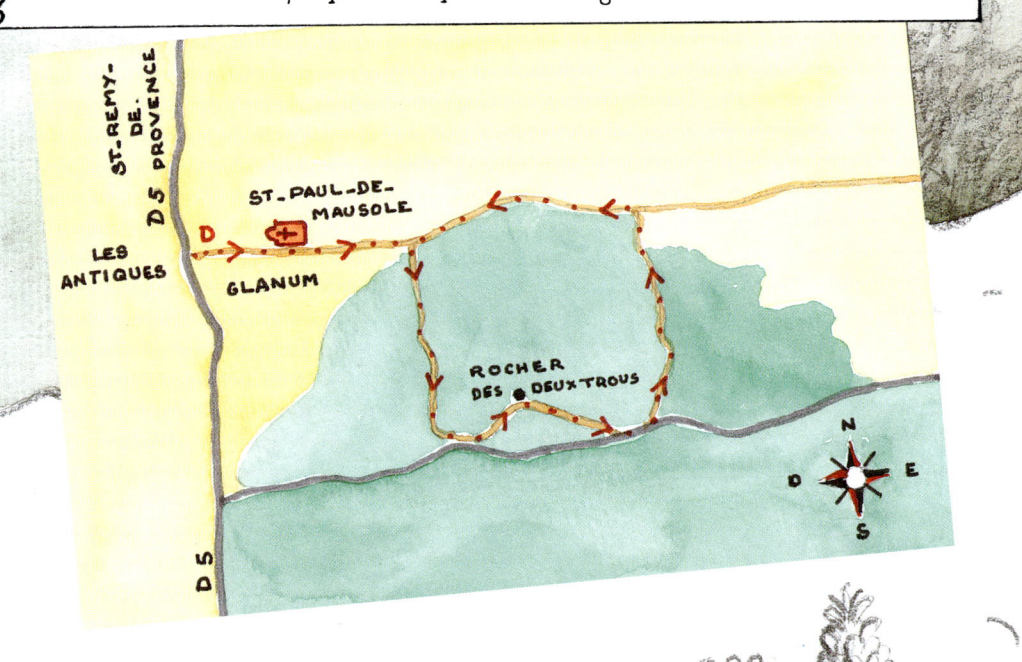

N'emprunte pas cette route mais conserve ton sentier qui tourne à gauche. Après quelques dizaines de mètres, tu peux admirer au sud-ouest derrière les grands cèdres toute la plaine de la Crau et au loin la Camargue et la mer. Peu après, tu atteins le rocher des Deux Trous, au sommet de la colline. Tu peux alors apprécier un nouveau panorama exceptionnel qui s'ouvre au nord-est sur le Mont Ventoux et le Luberon. En quittant le Rocher des Deux trous, tu amorces enfin la descente. Un petit chemin sans balisage te conduit à présent vers une petite route goudronnée que tu vas suivre en tournant à gauche. A peine 200 mètres plus loin, quitte cette petite route et engage-toi maintenant sur le sentier de Grande Randonnée (rouge et blanc).

Une pancarte t'indique même Saint-Rémy par le GR6. Après la descente au milieu des cèdres des pins et des chênes, un bon chemin bordé de cyprès te conduit dans une plaine. Une fois arrivé au panneau de zone rouge, tourne tout de suite à gauche pour récupérer le sentier jaune que tu suivais au début de ton parcours. Une dizaine de minutes plus tard, tourne à droite sur la petite route goudronnée (toujours balisée en jaune) qui va te ramener jusqu'à ton point de départ.

Durée du parcours : 2 heures 30

PAUSE LITTÉRAIRE

Vincent Van Gogh était très lié à son frère Théo, et nous connaissons un peu mieux sa vie grâce aux nombreuses lettres qu'il lui adressa :

Maintenant, nous avons ici une canicule sans vent, cela me convient bien : un soleil, une lumière que je ne peux qualifier, à défaut de mieux que de jaune...
Ah ! que le jaune est beau !

Les cyprès me préoccupent. Je voudrais en faire quelque chose de semblable aux tableaux de tournesols car cela m'étonne qu'on ne les ait pas encore peints comme je les vois. Ils sont aussi beaux qu'un obélisque égyptien dans leurs lignes et leurs proportions. Et le vert est d'un ton particulièrement raffiné...
Il faut voir ici les cyprès par rapport au bleu ou, pour mieux dire dans le bleu.

ARRÊTS DÉCOUVERTES

Les paysages de Van Gogh

Les paysages que tu traverses aujourd'hui ont inspiré de très nombreux tableaux à Vincent Van Gogh. En faisant des recherches, essaie de te procurer des petites reproductions des œuvres de ce peintre. Tu en trouveras facilement par exemple dans les nombreuses boutiques de Saint-Rémy, sous forme de cartes postales, ou même au départ de ta randonnée, à l'intérieur de Saint-Paul de Mausole.

Amuse-toi maintenant à retrouver sur ton parcours les sujets des paysages de Van Gogh. Par exemple, avant même de prendre ton premier sentier balisé qui monte vers le vallon de Saint-Clerg tu vas longer un champ d'oliviers qui doit te rappeler une toile célèbre du maître datée de juin 1889. A toi maintenant d'en retrouver d'autres !...

Gros plan sur les cyprès de Van Gogh

Durant ta randonnée tu as pu voir de nombreux cyprès. Van Gogh aimait beaucoup la forme et la couleur de ces grands arbres, et il avait une manière bien personnelle de les dessiner puis de les peindre. A l'aide d'un feutre ou bien d'un pinceau et de peinture verte, il n'est pas si difficile, en t'exerçant un peu, de reproduire des cyprès à la manière de Van Gogh.

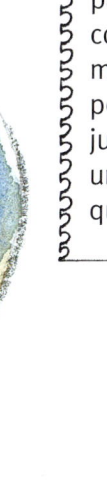

Commence tout d'abord par peindre en vert pâle la forme générale de l'arbre, un peu comme une flamme verte. Maintenant, en commençant par le pied de l'arbre, dessine des petits traits légèrement ondulés en remontant jusqu'à la cime. Pour finir, de façon à donner un peu de relief à ton arbre, il ne te reste plus qu'à épaissir certains de tes traits en noir.

**Le Monastère de Saint-Paul de Mausole,
point de départ de la randonnée**

Rendu célèbre pour avoir accueilli Van Gogh durant sa maladie, le monastère roman de Saint-Paul de Mausole est ouvert du 27/03 au 31/10 tous les jours de 10 h à 19 h. Il est notamment possible d'y découvrir l'intéressante reconstitution de la chambre de Van Gogh. De nombreuses reproductions de ses œuvres sont également disponibles à l'entrée.

Glanum et les Antiques

Peu après ton départ, ton sentier te permet de découvrir le site antique de Glanum. Les fouilles effectuées ici ont permis de révéler l'existence d'une ville sanctuaire érigée avant la période romaine. La cité fut ensuite fortement romanisée par les légions de Marius avant d'être détruite par les invasions germaniques en 270 puis abandonnée avant que les alluvions ne recouvrent peu à peu les ruines. En traversant la route qui conduit à Saint-Rémy, tu peux admirer l'un des mausolées romains les mieux conservés au monde ainsi qu'un très bel arc de triomphe.
Ces deux édifices sont appelés les Antiques. Si tu t'approches suffisamment près de l'arc, tu découvriras des bas-reliefs, sorte de bande dessinée sculptée d'autrefois, illustrant la conquête de la Gaule par Jules César.

Les " Lunettes de Van Gogh "

Ta randonnée te permet aussi de découvrir une curiosité du massif des Alpilles que l'on nomme tout simplement le rocher des deux trous. Mais ici, beaucoup de gens préfèrent appeler ce rocher les lunettes de Van Gogh.

POUR LES GRANDES PERSONNES

☞ **Situation :** dans les Bouches-du-Rhône, le parcours de randonnée est situé en plein cœur de la chaîne des Alpilles, tout près du site antique de Glanum.

☞ **Accès routier :** le site de Saint-Paul de Mausole, point de départ de la randonnée, se trouve à l'entrée sud de Saint-Rémy-de-Provence, sur la départmentale 5. Vous pourrez par ailleurs stationner sans difficulté devant le site de Glanum ou même devant Saint-Paul de Mausole où quelques places sont disponibles.

☞ **A VTT :** ce parcours ne convient pas à la pratique du VTT en raison de la trop forte côte qui conduit au Rocher des deux trous. Cependant l'Office du Tourisme de Saint-Rémy distribue des cartes indiquant les parcours accessibles à VTT.

Attention : le parcours de la randonnée se trouvant au cœur d'une zone sensible, il ne sera pas possible d'y pénétrer entre le premier juillet et le deuxième samedi de septembre.

HISTOIRE ET LÉGENDES DES BAUX-DE-PROVENCE

Aucun village de la région ne recèle plus de mystères et de légendes que celui des Baux-de-Provence. Les seigneurs médiévaux qui régnèrent du IXème au XVème siècle sur cette forteresse prétendaient descendre des redoutables Wisigoths en même temps que du roi mage Balthazar. Ces valeureux guerriers, qui portaient sur leurs armes une mystérieuse étoile à seize branches, ont réussi à régner sur près de quatre-vingts villes, châteaux et abbayes de Provence. Cette domination prit fin cependant à la Renaissance avant que le château ne soit détruit en 1632 sur ordre de Richelieu. Mais ce tumultueux passé, dont tu peux retrouver la trace aujourd'hui en visitant le donjon, la tour sarrasine ou les machines de siège, ne constitue pas le seul intérêt de ce village. Cette cité abrite en effet bien des légendes. Elle aurait, dit-on ici, inspiré Dante, l'un des plus grands poètes italiens, et l'une de ses grottes, si l'on en croit la tradition orale provençale, cacherait le trésor des sarrasins.

Il est bien difficile ici de démêler l'Histoire de la légende, mais ce qui est sûr, en revanche, c'est que ta balade d'aujourd'hui te permettra de mieux connaître l'histoire des forteresses provençales et des seigneurs du Moyen Âge.

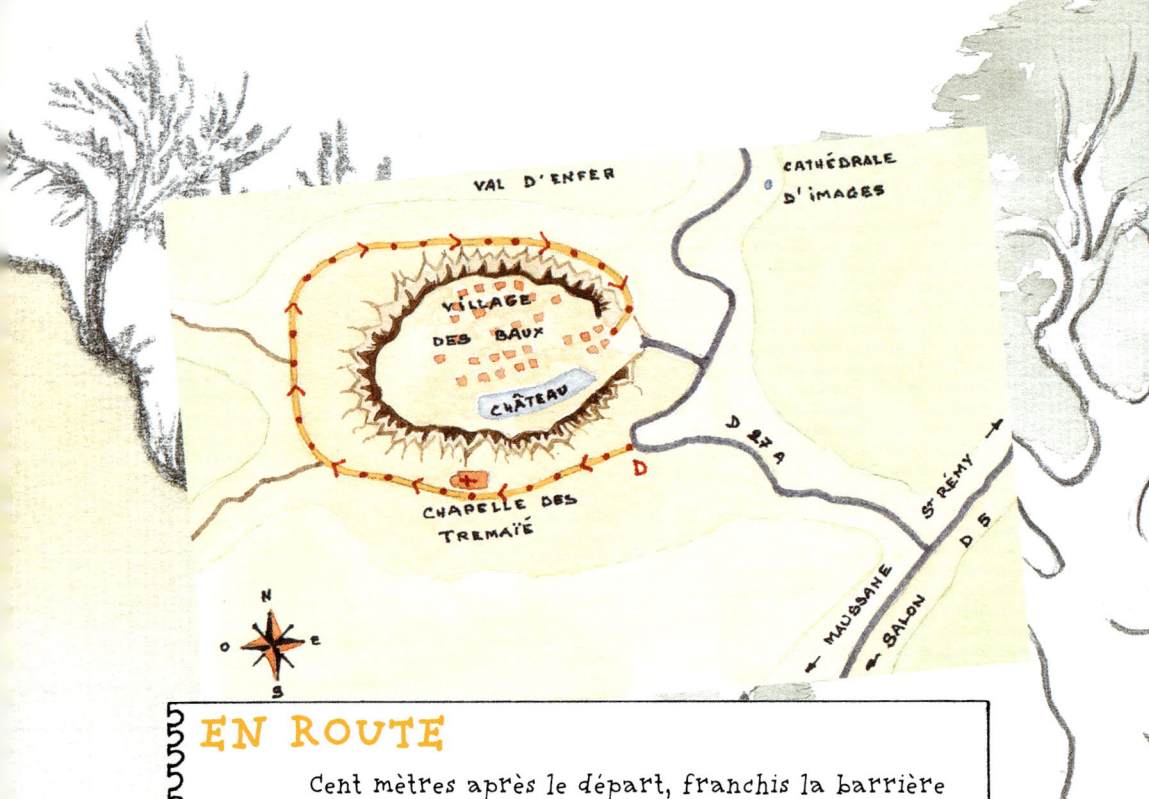

EN ROUTE

Cent mètres après le départ, franchis la barrière en bois interdisant l'accès aux véhicules. Maintenant, un très bon sentier te permet d'admirer sur ta droite la falaise surmontée du château et sur ta gauche un point de vue qui s'étend jusqu'à la mer. Trois cents mètres plus tard, tu atteins la petite chapelle des trémaïé. Ne manque surtout pas d'observer les sculptures gallo-romaines pratiquées dans la roche qui surplombe la chapelle.
En continuant sur ce bon sentier, tu vas contourner le grand éperon rocheux des Baux.

Après avoir longé le côté nord-ouest, ton sentier va se transformer en un superbe chemin de pierre. Ce dernier est tout simplement l'ancien chemin de ronde moyenâgeux qui montait au village. Après une courte et facile ascension tu vas donc atteindre le cœur de la cité des Baux-de-Provence.
En empruntant la première rue en escalier qui monte sur ta droite tu vas passer sous la Porte d'Eyguières. Une fois dans le village, la direction du château est toujours bien signalée. Pour revenir à ton point de départ il te suffira de quitter le village et d'emprunter la petite route qui descend sur la droite.

Durée du parcours : 30 minutes + 1h30 pour la visite du village et du château

PAUSE LITTÉRAIRE

La légende de la Chèvre d'Or

Tout près de ton parcours de randonnée se trouve la grotte du Trau di Fado dont la légende, rapportée par la tradition orale provençale, raconte qu'il y a fort longtemps un guerrier maure tenta de s'emparer de la forteresse des Baux. Mais les habitants de ce petit village le combattirent si bien que le malheureux dut s'enfuir en compagnie de son serviteur en emportant le fabuleux trésor qui était le sien. Traversant alors le Val d'Enfer, notre guerrier eut l'idée de cacher ses sacs d'or qui le ralentissaient dans sa fuite au fond de la grotte du Trau di Fado. Lorsqu'il pénétra dans l'antre de la caverne, une petite chèvre l'accompagna. Une fois à l'intérieur, notre valeureux guerrier dut affronter toutes sortes de créatures : des chauves-souris, une sorcière et surtout un monstre si féroce que le combat qu'il livra contre lui fit trembler le sol de la cité des Baux durant toute la nuit. Au matin, cependant, le courageux guerrier fut vaincu et disparut à jamais dans les profondeurs de la grotte. Seule la petite chèvre réussit à échapper au monstre. Mais, en voyant l'animal sortir du Trau di Fado, les habitants des Baux eurent la surprise de constater qu'il était couvert de poudre d'or, seule trace du trésor qui reste à jamais enfoui dans la profondeur de cette terre de Provence.

Marie Mauron et les Baux-de-Provence

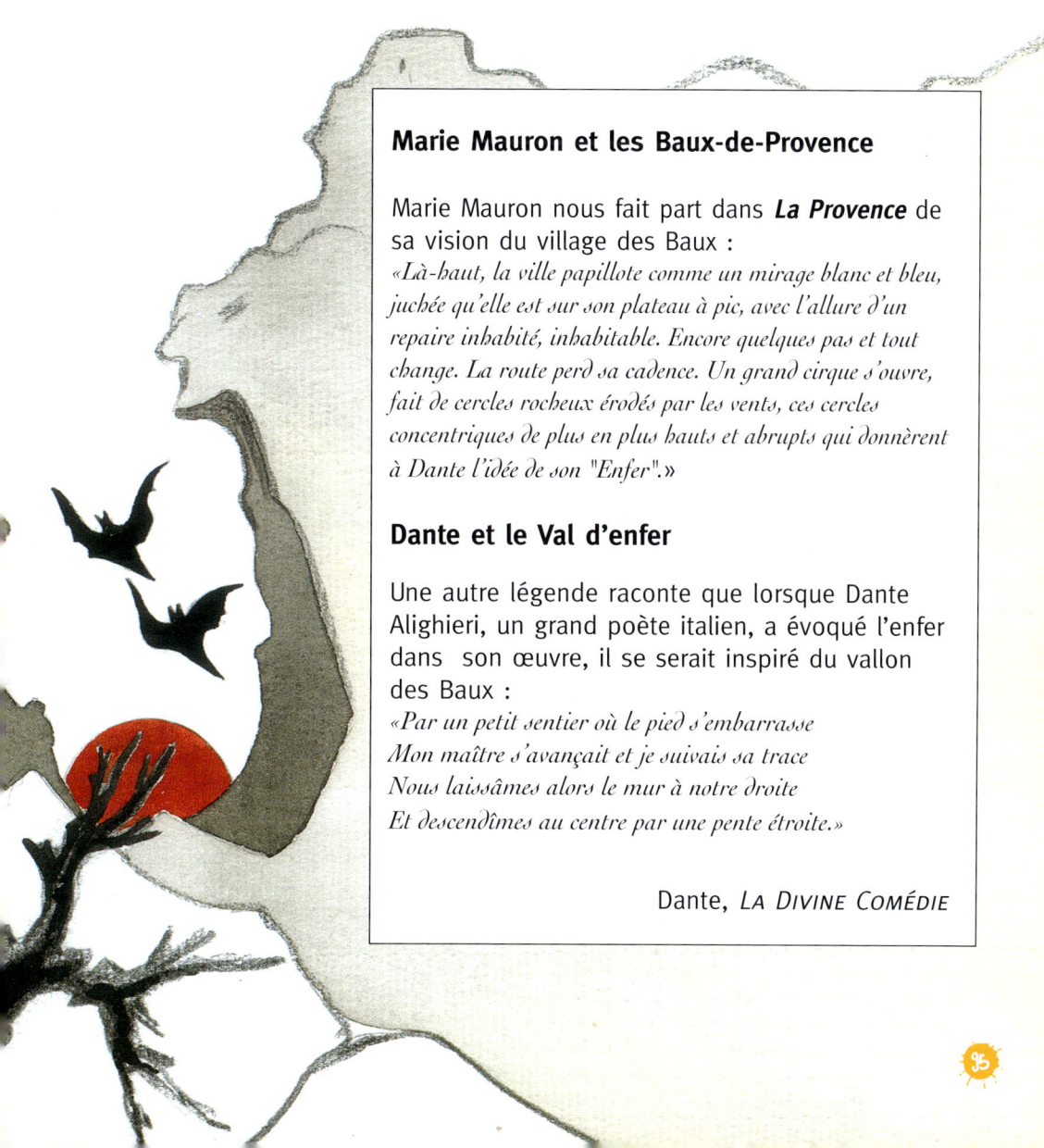

Marie Mauron nous fait part dans **La Provence** de sa vision du village des Baux :

« Là-haut, la ville papillote comme un mirage blanc et bleu, juchée qu'elle est sur son plateau à pic, avec l'allure d'un repaire inhabité, inhabitable. Encore quelques pas et tout change. La route perd sa cadence. Un grand cirque s'ouvre, fait de cercles rocheux érodés par les vents, ces cercles concentriques de plus en plus hauts et abrupts qui donnèrent à Dante l'idée de son "Enfer". »

Dante et le Val d'enfer

Une autre légende raconte que lorsque Dante Alighieri, un grand poète italien, a évoqué l'enfer dans son œuvre, il se serait inspiré du vallon des Baux :

*« Par un petit sentier où le pied s'embarrasse
Mon maître s'avançait et je suivais sa trace
Nous laissâmes alors le mur à notre droite
Et descendîmes au centre par une pente étroite. »*

Dante, *La Divine Comédie*

ARRÊTS DÉCOUVERTE

La Porte d'Eyguières

A la fin de ton parcours de randonnée tu vas passer sous la porte d'Eyguières. Cette porte fut durant de très nombreuses années l'unique accès au village des Baux, jusqu'à ce qu'en 1866 une seconde porte ne soit percée plus au nord à travers la maison dite du Roi. Il s'agit de la Porte Mage. Aujourd'hui encore, tu peux apercevoir l'écusson des marquis des Baux sur le fronton de la Porte d'Eyguières.

Le bas-relief des trémaïé

Au début de ton parcours de randonnée, tu vas atteindre la petite chapelle du trémaïé. Si tu regardes attentivement le rocher qui la surplombe, tu découvriras une sculpture pratiquée à même la roche : il s'agit du bas-relief des trémaïé. Ce dernier représente trois personnages assez énigmatiques. La légende prétend qu'il s'agit du général romain Marius, de sa femme Julia et d'une dénommée Marthe, mi-sorcière mi-devineresse qui avait su s'attirer les faveurs du grand général romain.

Les machines de guerre

En visitant le château tu vas aussi pouvoir étudier le fonctionnement de gigantesques machines de siège utilisées à l'époque médiévale, comme le trébuchet, le bélier ou la baliste. Cette dernière, appelée également catapulte, fut utilisée ici au XIVème siècle. Lourde de quatre tonnes, elle permettait de projeter des boulets de pierre mais également des feux grégeois, qui étaient des projectiles destinés à incendier le château.

La Tour de Paravelle

Lorsque tu visiteras le château médiéval, tu remarqueras sûrement les ruines d'une ancienne tour. Il s'agit de la Tour Paravelle au pied de laquelle tu découvriras d'étranges niches pratiquées à même la roche : il s'agit tout simplement de l'ancien pigeonnier du château. Cet ancien bâtiment te permet en outre de bénéficier d'un excellent point de vue sur l'oppidum des Bringasses et sur le Val d'enfer.

Berthier découvre la Bauxite

En 1821, à la recherche de minerai de fer, l'ingénieur chimiste Berthier décela la présence d'alumine dans la roche des Baux-de-Provence. Ce minerai prit donc officiellement le nom de bauxite en 1861. Aujourd'hui la bauxite est le minerai le plus utilisé pour obtenir de l'alumine, matière nécessaire à la fabrication de l'aluminium.

La Cathédrale d'images

En quittant le village, tu pourras aussi te rendre au spectacle permanent de la Cathédrale d'images. Sur place, tu découvriras une véritable féerie audiovisuelle projetée sur un écran géant composé des parois rocheuses, des sols et des plafonds d'une très ancienne carrière aux dimensions majestueuses.

POUR LES GRANDES PERSONNES

☞ **Situation :** le village des Baux se trouve dans les Bouches-du-Rhône, au cœur du massif des Alpilles.

☞ **Accès routier :** le début du parcours pédestre est situé sur la D 27 A, à 200 mètres au sud de l'entrée du village, au niveau du panneau d'informations touristiques.

☞ **A VTT :** le parcours proposé ici est malheureusement interdit aux VTT.

LA CAMARGUE DES FLAMANTS ROSES

Autrefois, les grecs les appelaient les oiseaux aux ailes de flammes. Les vieux provençaux les nomment encore les becaruts. Les scientifiques quant à eux disent qu'ils appartiennent à la famille au nom bien difficile à prononcer des phœnicoptéridés. Mais ici en Camargue, ces grands oiseaux migrateurs, tout le monde les appelle bien sûr les flamants roses.
Ce sont des oiseaux superbes mais et très craintifs, mais si tu emportes avec toi une bonne paire de jumelles et si tu sais rester immobile et silencieux, tu réussiras sûrement à les observer.

EN ROUTE

Au départ, c'est très simple, tu n'as qu'à suivre la large piste bordée de part et d'autre par les étangs. Sur ta gauche tu longes l'étang du Fangassier, qui est le lieu en Europe où tu peux trouver le plus de flamants roses. Continue ainsi tout droit pendant un kilomètre jusqu'à ce que la piste se divise en deux. Emprunte le chemin de gauche, et franchis 200 mètres plus loin, encore sur ta gauche, les énormes blocs de pierre qui interdisent ce sentier à tous les véhicules. Seuls peuvent circuler les randonneurs et les cyclistes.

CHASSE GARDEE

C'est donc sur ce long chemin qui longe toute la partie ouest de l'étang du Fangassier que tu vas pouvoir observer les flamants dans les meilleures conditions. En levant la tête tu vas sûrement apercevoir un vol de flamants, mais c'est seulement lorsqu'ils prennent leur envol ou lors des parades que tu peux admirer les superbes couleurs de leurs ailes. En continuant toujours tout droit tu atteins l'entrée sud de ce sentier de randonnée, fermé ici aussi par deux rangées de blocs de pierre. Cent mètres plus loin tu peux t'arrêter à la Cabane aux Flamants, seule habitation de cette côte. Pour revenir il ne te reste plus qu'à emprunter le même chemin, car en Camargue, les possibilités de circuits n'existent pas en raison du nombre réduit de bons sentiers.

Durée du parcours : 2 heures

PAUSE LITTÉRAIRE

Alphonse Daudet a souvent évoqué dans ses œuvres les vastes étendues de la Camargue, voisine de sa région de Fontvieille :

« *Vers cinq heures du soir, à l'heure où le soleil décline, ces trois lieues d'eau sans une barque, sans une voile pour limiter, transformer leur étendue, ont un aspect admirable…*
Ici l'impression est grande, large.
De loin, ce rayonnement de vagues attire des troupes de macreuses, des hérons, des butors, des flamants au ventre blanc, aux ailes roses, s'alignant pour pêcher tout le long du rivage, de façon à disposer leurs teintes diverses en une longue bande égale. »

La cabane

Comme il fait bon quand le Mistral
Frappe à la porte avec ses cornes
Etre tout seul dans la cabane
Tout seul comme un mas dans la Crau
Et voir par un petit trou
Là-bas loin dans les salicornes *
Luire les marais de Giraud

Alphonse Daudet

* *Salicornes* : plantes sans feuille des lieux salés qui se présentent sous un aspect moutonné, vert en été, rougeâtre en hiver. Tu en rencontreras beaucoup sur ton parcours. Les vastes étendues de salicornes forment les sansouires.

ARRÊTS DÉCOUVERTE

Les saisons des flamants roses

Tu peux trouver des flamants roses tout au long de l'année, mais, suivant la saison que tu as choisie, ils t'offriront un spectacle différent.

Du mois d'octobre au mois de décembre environ, tu peux observer quelques-uns des 2000 à 3000 flamants qui ont choisi de passer l'hiver en Camargue. Ils sont assez peu nombreux, mais à cette époque de l'année, ils ne s'éloignent que très peu de leur étang, et tu pourras les observer dans de bonnes conditions.

A partir du mois de janvier, tu peux avec un peu de chance assister aux toutes premières parades amoureuses qui s'intensifieront au printemps.

Dès le mois de mars, tu peux assister au grand retour des flamants roses qui ont hiverné en Afrique ou en Sardaigne. Ce sont les estivants nicheurs.

En avril, les parades amoureuses qui avaient timidement débutées au début de l'année, offrent à présent le spectacle magnifique d'un grand ballet de milliers de flamants roses.

A partir du mois de mai, tu peux avec de très bonnes jumelles, apercevoir la couvaison qui va durer 30 jours. Les deux parents se remplacent tous les deux jours pour couver l'œuf unique sur le nid composé d'un monticule de boue. C'est souvent lors de cet échange que tu peux le mieux observer les flamants.

Au début de l'été vont naître les premiers poussins qui, contrairement à leurs parents, ont un duvet gris foncé.

Dix semaines plus tard, ils pourront s'envoler mais ils ne prendront leur couleur rose qu'après trois années.

A la fin de l'été, les flamants migrent de nouveau vers le sud, pour passer l'hiver sur des terres où le climat est moins froid.

Toutes les couleurs du flamant

Le corps du flamant, assez gros, contraste avec un cou fin et très flexible qui se termine par un bec étrange. C'est ce gros bec, rose à la base et noir à la pointe qui lui a valu son surnom provençal de becarut. C'est encore grâce à ce long cou et à son bec que le flamant peut draguer la vase à la recherche de petits crustacés, de vers ou de larves de moustiques. Le dessous des ailes du flamant est d'un rouge carmin que tu peux admirer lors de son envol ou durant les parades. Cette couleur rouge contraste avec le noir profond des rémiges, qui sont les longues plumes des ailes. Enfin, avec de très bonnes jumelles tu peux même découvrir la couleur jaune de son œil.

Cisticole des joncs

Sarcelle d'été

Cigogne noire

Guêpiers

Busard des roseaux

**Le Domaine de la Capelière :
un site d'observation unique**

Ce domaine de trente hectares est situé sur un bourrelet alluvial abandonné par le Rhône. La gestion scientifique de ce territoire par la Société Nationale de Protection de la Nature a permis de mettre en valeur la diversité naturelle composée de forêts, pelouses, sansouires, roselières ou marais ouverts.
Un petit parcours de randonnée te permet donc de rencontrer un grand nombre d'oiseaux tels que le choucas, le guêpier, le cisticole des joncs, le busard des roseaux et bien d'autres encore !

Renseignements au Domaine de la Capelière : 04 90 97 00 97

POUR LES GRANDES PERSONNES

☞ **Situation :** au sud-ouest des Bouches-du-Rhône, l'étang du Fangassier, proche de l'étang de Vaccarès est au cœur du Parc naturel Régional de Camargue.

☞ **Accès routier :** à partir d'Arles, prendre la sortie Saintes-Marie Salins de Giraud, emprunter alors la D 570 puis la quitter pour la D 36. Emprunter alors quelques kilomètres plus loin la D 37 en direction d'Albaron les Stes-Maries. 3 km plus loin de grands panneaux vous indiquent votre direction sur la gauche : Réserve Nationale de Camargue la Capelière. Dépasser le domaine de la Capelière et suivre dans la direction des Salins de Giraud les panneaux vous indiquant : Digue à la mer par le C135 du Fangassier. Vous pourrez stationner votre véhicule en bout de route goudronnée lorsque celle-ci se transforme en piste de terre carrossable.
Cette piste est très souvent interdite à la circulation motorisée, (durant les périodes de nidification ou de migration) mais déconseillée de toutes façons le reste du temps. Elle convient mieux aux randonneurs et aux VTT.

☞ **Conseil :** soyez très attentifs aux conditions météo : éviter de partir par temps pluvieux et surtout les jours de vent toujours très violent en Camargue.
Attention : aux moustiques ... !

☞ **A VTT :** le parcours proposé est parfaitement adapté à la pratique du VTT. Attention toutefois par mistral, vous aurez un très fort vent de face durant le retour.

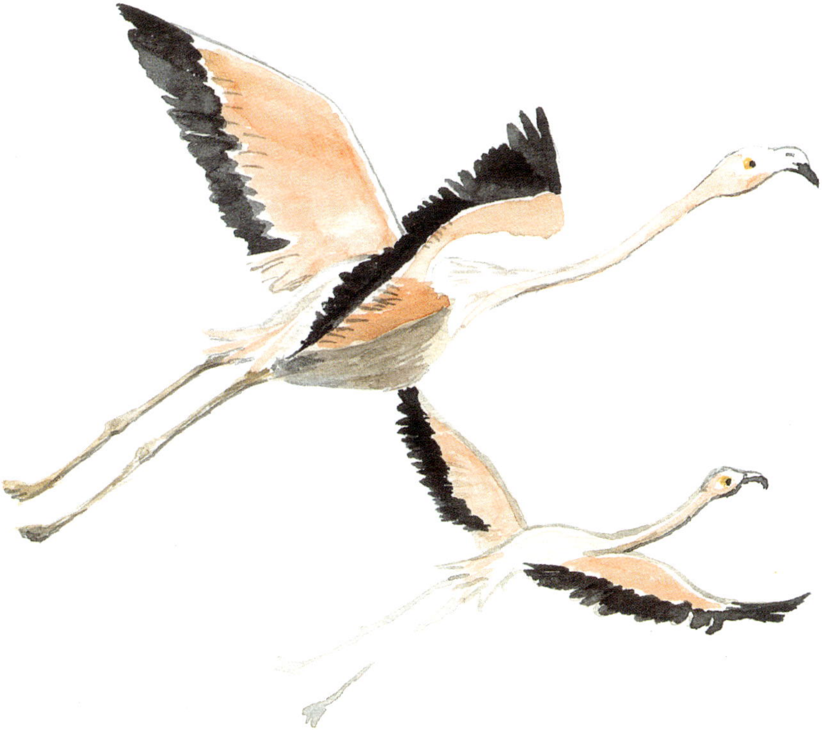

Achevé d'imprimer en avril 2003
sur les presses de l'imprimerie
Grafiche Zanini à Bologne (Italie).
Photogravure Quadriscan.